W0174427

MIKROWELLE FÜR FEINSCHMECKER

Marianne Kaltenbach

MIKROWELLE FÜR FEINSCHMECKER

Das große GU Bildkochbuch für alle Mikrowellen- und Mikrowellen-Kombinationsgeräte.
Raffinierte Rezepte, die leicht gelingen, für Vorspeisen, Suppen und Snacks, Fisch und Fleisch, Gemüse, Aufläufe sowie Desserts.

Die Farbfotos gestalteten Susi und Pete A. Eising

GU Gräfe und Unzer

SIE FINDEN IN DIESEM BUCH

Über dieses Buch

Seit dem Erscheinen meines Buches »Mikrowellen« habe ich mich weiterhin voller Interesse mit dieser – vielen nun schon etwas vertrauteren – Garmethode befaßt. Außer meinen eigenen neuen Erfahrungen konnte ich durch die Mikrowellenkurse in unserer Kochschule die unterschiedlichsten Anregungen und Vorschläge meiner »Schüler« aufgreifen und in die Praxis umsetzen. Da die meisten Teilnehmer den Wunsch nach einem Kochbuch mit überzeugenden Rezepten für den wirklich sinnvollen Einsatz der Mikrowelle äußerten, machte ich mich noch einmal kritisch ans Ausprobieren. Ich verglich die verschiedenen Zubereitungsmöglichkeiten, wählte die besten Rezepte für die Mikrowelle aus, wandelte ab und verbesserte.
Dabei hatte ich stets den kulinarischen Aspekt im Auge. Denn die Gerichte sollten ja nicht nur schnell und unproblematisch zu garen sein, sondern vor allem auch hohen kulinarischen Anforderungen genügen.
Bei der Entwicklung neuer Rezepte stellte ich zu meiner Überraschung fest, daß gerade anspruchsvolle Gerichte in der Mikrowelle ganz leicht gelingen. Die meisten Rezepte dieses Buches entwickelte ich für Mikrowellen-Sologeräte.
Doch auch für Kombinationsgeräte, die immer häufiger in modernen Küchen zu finden sind, stelle ich Ihnen einige schmackhafte Gerichte vor. Am Ende der Rezeptbeschreibung steht immer der Hinweis, wie Sie das Rezept für ein Solo-Gerät umwandeln können, damit Sie auf keines der Gerichte verzichten müssen.
Das Kombinationsgerät eröffnete natürlich neue Zubereitungsmöglichkeiten. Mit Ober- und Unterhitze oder Umluft und Mikrowelle entstanden herrliche Braten in kurzer Zeit, und Gratins und Aufläufe bekamen unter dem Grill eine goldene Kruste.
Wenn Sie beispielsweise einen Braten im Kombinationsgerät garen, können Sie während der Stehzeit des Bratens schnell »à la minute« etwas Gemüse als Beilage zubereiten.
Die sinnvolle Kapiteleinteilung wird Ihnen helfen, für jeden Anlaß das Passende zu finden oder ein Menü zusammenzustellen. Im Kapitel Vorspeisen, Suppen und Snacks finden Sie verlockende Rezepte für den Beginn eines Menüs wie zum Beispiel Geflügeltimbale mit Kräutersauce. Toasts mit Meeresfrüchten eignen sich gut als kleine Zwischenmahlzeit. Auch die köstlichen Suppen können Sie – statt einer Vorspeise – in jedes anspruchsvolle Menü einbauen.
Fischgerichte lassen sich in der Mikrowelle ganz besonders gut zubereiten. Diesen habe ich deshalb ein eigenes Kapitel mit lauter interessanten Rezepten gewidmet. Wie wäre es zum Beispiel mit Meerbarbenfilets mit Gemüse und Pernodsauce?
Daran anschließend finden Sie – wie es ja auch die klassische Menüfolge vorschreibt – Fleischgerichte. Ob knusprige Kalbshaxe mit Apfelwein und Ingwer oder ein saftiges Geflügelgeschnetzeltes mit Schnittlauchsauce, Sie werden sicher begeistert sein. Raffinierte Gemüsegerichte wie Gefüllter Chinakohl mit roter Ingwersauce sowie Aufläufe und Gratins, beispielsweise Gratinierte Zucchini mit Sardellen, runden die Rezeptauswahl ab. Der süße Abschluß eines Menüs soll beim Garen mit der Mikrowelle auch nicht fehlen. Wie vielfältig die Möglichkeiten der Zubereitung sind, sehen Sie im Kapitel Feine Desserts.
Schon beim Durchblättern des Buches werden Sie dem verlockenden Angebot kaum widerstehen können und bestimmt gleich alles ausprobieren wollen, was die brillanten Bilder zeigen. Jedes Gericht wurde exklusiv für dieses Buch fotografiert.
Die übersichtlichen, nach Ziffern gegliederten Rezeptbeschreibungen ermöglichen ein leichtes Gelingen. Wichtig ist nur, daß Sie sich genau an die Anleitungen halten.
Die Gerichte in diesem Buch sind für 600- beziehungsweise 500-Watt-Geräte entwickelt. Wenn Sie ein Gerät mit einer anderen Höchstleistung haben, können Sie die Garzeit mit Hilfe der Tabelle am Ende des Buches ganz leicht umrechnen. Auf die vielen Geräte mit Automatikprogrammen konnte ich in diesem Buch nicht eingehen. Erläuterungen der Programme finden Sie in der Gebrauchsanweisung Ihres Gerätes.
Das hier vorliegende zweite Buch über das Garen mit der Mikrowelle habe ich mit viel Freude erarbeitet. Ich hoffe, daß Sie viele Erfolgserlebnisse und begeisterte Gäste haben werden und wünsche Ihnen Spaß beim Ausprobieren und guten Appetit!

Marianne Kaltenbach

Wissenswertes über die Mikrowellentechnik

Mikrowellengeräte finden inzwischen in vielen Haushalten ihren Einsatz, meist fürs Auftauen und Erwärmen. Dennoch beginnen viele erst jetzt, die Vorzüge der »schnellen Welle« zu schätzen und sie auch zum Garen einzusetzen. Mit ein wenig Grundwissen über die Mikrowellentechnik ist das auch ganz einfach.

Eigenschaften von Mikrowellen

Beim gewohnten Garen gelangt die Hitze über einen Umweg, nämlich den Topf, an das Lebensmittel, das langsam von außen nach innen gegart wird. Im Gegensatz dazu wird beim Garen mit Mikrowellen die Wärme direkt im Lebensmittel erzeugt, der Garraum des Mikrowellengerätes bleibt beim Soloeinsatz kühl. Beim Garen im Kombinationsgerät sorgt die Mikrowelle für schnelles Garen und durch die zusätzliche Beheizungsart bekommt das Gargut eine Kruste. Mikrowellen sind elektromagnetische Wellen, ähnlich den Fernsehwellen. Alle Wellen sind ständig in schwingender Bewegung; mit 12,25 cm ist die Wellenlänge der Mikrowellen besonders kurz. Trifft die Mikrowelle auf ein Lebensmittel, bewirkt sie, daß die kleinsten Speisenbestandteile, die Moleküle, in Schwingung geraten und aneinander reiben. Die nötige Wärme entsteht dadurch direkt im Lebensmittel.

Eine schonende Garmethode

Das Garen mit Mikrowellen ist nicht nur eine schnelle, sondern auch eine bekömmliche Methode. Durch die kurzen Garzeiten werden die hitzeempfindlichen Vitamine geschont. Ein weiterer Vorteil: Die Gerichte garen im eigenen Saft oder mit nur wenig Flüssigkeit. Das schont Vitamine und Mineralstoffe gleichermaßen. Die typischen Aromastoffe und ätherischen Öle bleiben erhalten. Dadurch schmeckt beispielsweise Gemüse besonders aromatisch. Starkes Würzen erübrigt sich und auf Fett können Sie meist ganz verzichten.

Das Mikrowellen-Sologerät

Das Garen nur mit Mikrowelle ist ideal für kleine Mengen. Denn je tiefer die Mikrowellen in ein Lebensmittel eindringen müssen, desto weniger Arbeit können sie leisten. Nach etwa 2 cm Tiefe ist ihre Energie bereits halbiert. Daher müssen viele Lebensmittel zwischendurch umgerührt oder gewendet werden. Und: kleine, flache Portionen garen schneller als große. Je größer die Menge, desto höher der Zeit- und Energieaufwand. Als Faustregel gilt: Doppelte Menge = fast doppelte Garzeit; halbe Menge = halbe Garzeit. In der Mikrowelle werden die Lebensmittel schonend zubereitet, es entstehen aber auch keine Röststoffe, so daß Gerichte, die knusprig braun werden sollen, im Sologerät nicht so gut gelingen. Diese sollten Sie in einem Kombinationsgerät zubereiten oder im Bräunungsgeschirr. Dieses wird erst leer aufgeheizt, bevor Sie die Speisen darin anbraten können.

Das Mikrowellen-Kombinationsgerät

Inzwischen gibt es viele Geräte, bei denen die Mikrowelle mit anderen Beheizungsarten wie Grill und Ober- und Unterhitze oder Umluft kombiniert werden kann. Vor allem bei der Zubereitung von großen Braten, Aufläufen und Gratins sind diese Geräte ideal, da die Gerichte eine appetitlich braune Kruste bekommen und trotzdem in etwa der Hälfte der gewohnten Zeit gegart werden. Jedes Kombinationsgerät können Sie natürlich auch als Sologerät nutzen.

Das geeignete Geschirr

Geeignet für das Garen im Mikrowellengerät ist Geschirr aus Glas, Porzellan, Keramik und Kunststoff (nicht für Kombinationsgeräte). Herkömmliche Kochtöpfe aus Metall sind dagegen ungeeignet: Mikrowellen können sie nicht durchdringen, sie werden im Gegenteil sogar reflektiert. Wenn Sie ein Kombinationsgerät besitzen, sollten Sie nur feuerfestes und mikrowellengeeignetes Geschirr kaufen. Achten Sie bei Gefäßen aus Keramik, Ton und feuerfestem Glas darauf, daß sie nicht mit einer metallhaltigen Glasur überzogen sind oder Metalleinschlüsse haben. Im Mikrowellengerät wird Tiefgefrorenes in kürzester Zeit schonend aufgetaut und eventuell gleich gegart. Achten Sie schon beim Einfrieren auf geeignete Gefäße.

Bitte beachten Sie unbedingt den wichtigen Hinweis auf Seite 140.

0.39
90 180 360 600 W
90 180 360 600W
Start Stop
250 °C
200
150
100
50
0

Marianne Kaltenbach

Da ich mich laufend mit Essen und Trinken befasse und viel darüber schreibe, interessiere ich mich natürlich auch für alles, was damit zusammenhängt. Ich suche nach neuen Wegen und nach einfacheren, manchmal aber auch exklusiveren Zubereitungsarten.

Das anspruchsvolle Garen mit der Mikrowelle

Neben der Kreation schmackhafter Gerichte interessiere ich mich sehr für neue Garmethoden und die Möglichkeiten, die sie bieten. Daher lag es nahe, meine Wünsche nach neuen, einfachen und exklusiven Zubereitungsarten auch einmal in Zusammenarbeit mit der Mikrowelle in die Realität umzusetzen. Und ich konnte feststellen, daß viele Gerichte, denen der Ruf des Komplizierten anhaftet, in der Mikrowelle so leicht gelingen, daß sich auch Kochneulinge an anspruchsvolle Gerichte wagen können. Neben Allgemeinem über Mikrowellengeräte, das Sie auf Seite 6 finden, sollten Sie auch beim Garen mit der Mikrowelle vor allem immer auf eines achten: auf gute Qualität der Zutaten. Ein bekannter ungarischer Gastronom, Karoly Gundel, sagte einmal. »Es ist leicht, aus guten Zutaten etwas Schlechtes zu machen, aber unmöglich, aus schlechten Zutaten etwas Gutes zu kochen.« Etwas abgeschwächt ist das immer meine Devise gewesen. Durch unsachgemäßes Garen, Überwürzen oder eine unpassende Zusammenstellung der Zutaten können die besten Produkte verdorben werden. Nie aber gelingt etwas wirklich Gutes, wenn die Qualität der Zutaten nicht einwandfrei ist.

Richtig einkaufen und zubereiten

Auf gute Qualität zu achten, heißt nicht zwangsläufig, das Teuerste zu kaufen. Oft genügt es schon, Früchte und Gemüse beispielsweise dann frisch zu kaufen, wenn sie auch Saison haben und ihr Aroma voll entwickeln konnten. Bei Fleisch heißt Qualität nicht, daß sich nur mit teuren Fleischteilen gute Gerichte zubereiten lassen, sondern, daß aus billigeren Stücke eben auch das richtige Gericht zubereitet wird. Wichtig ist es also vor allem, optimale Einkaufsquellen zu finden. Einen Metzger, auf den Sie sich verlassen können, einen Gemüsehändler, der immer frische Ware anbietet, einen gut sortierten Käsehändler und eine gute Bäkkerei. Bei der Zubereitung ist vor allem entscheidend, die erstandenen Produkte gut miteinander zu verbinden. Nicht alles, was auf dieser Erde wächst, läßt sich auch kombinieren und vieles, was originell erscheint, sollte man besser unterlassen. Sehr oft aber kann man ein klassisches, vielleicht aber etwas zu üppiges Gericht so vereinfachen und vielleicht mit einem kleinen Detail versehen, daß es neu aufersteht.

Der Stil des Hauses

In meinem Restaurant ist mir das Wichtigste, meinen Gästen eine angenehme Atmosphäre zu bieten und ihnen ausgezeichnete Küche vorzusetzen. Meine Gerichte sind relativ einfach und nicht unbedingt klassisch, sondern eher persönlich. Wie schon erwähnt, lege ich vor allem auf die Qualität der Zutaten den größten Wert. Nachdem es in meinem Restaurant zwei verschiedene Angebote gibt, nämlich das etwas rustikalere im vorderen Teil und das raffiniertere im eleganteren Restaurant, sind meine Möglichkeiten etwas vielfältiger als in einem besonders exklusiven Hause. Es macht mir Spaß, ab und zu regionale Gerichte aus der Schweizer Küche oder weltweite Spezialitäten anzubieten. Auch vegetarische Gerichte gibt es auf meiner kleineren Karte und auf der Schiefertafel des »Beizleins«, dem besonders gemütlichen Teil des Restaurants, der als ungezwungener Treffpunkt gedacht ist.
Alle Gerichte in meinem Restaurant sind hausgemacht und werden »à la minute« zubereitet. Besonders gerne biete ich meinen Gästen Fischgerichte an. Allerdings werden nicht alle auf der Karte aufgeführt, sondern nach »Fang« angeboten, damit sie wirklich immer frisch auf den Tisch kommen. Die Zubereitungsart kann der Gast oft selbst wählen.

VORSPEISEN, SUPPEN UND SNACKS

Sie suchen nach einem passenden Auftakt für ein anspruchsvolles Menü? Sie wollen sich und andere auch zwischendurch mit kulinarischen Köstlichkeiten verwöhnen oder eine feine Suppe servieren?
In diesem Kapitel finden Sie alles, was Sie dafür brauchen: von Toasts mit Meeresfrüchten über Eiertöpfchen mit Gemüse bis zu Kartoffelcremesuppe mit Steinpilzen.

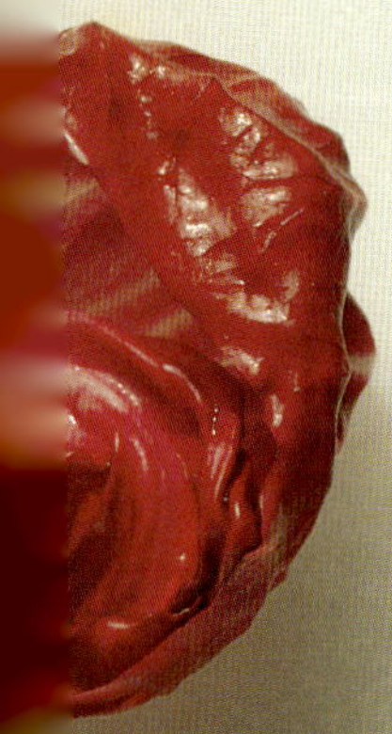

Toasts mit Meeresfrüchten

Delikate Vorspeise, schnell zubereitet

Für 2 Personen

6 Miesmuscheln oder
12 Sandklaffmuscheln (Vongole)
2 Scheiben Toastbrot
20 g Butter
1 kleine Schalotte
2 Eßl. Weißwein
4 Eßl. Wasser
2 geschälte Garnelen (große Crevetten)
100 g Fischfilets (zum Beispiel Seezunge, Lachs oder Steinbutt)
Salz
frisch gemahlener Pfeffer
2 Eßl. Whisky
4 Eßl. Sahne/Rahm
1/2 Eßl. Estragon, frisch gehackt
2 Estragonzweiglein

Arbeitsaufwand:
etwa 30 Minuten
Zeit zum Wässern:
etwa 1 Stunde
Garzeit:
13 3/4–15 1/4 (16 1/4–18) Minuten
Nährwert:
etwa 1600 kJ/ 380 kcal je Person

1. Die Muscheln unter fließendem Wasser mit einer Bürste gründlich reinigen. Bei Miesmuscheln den Bart herauszupfen. Die Muscheln müssen sich beim Waschen schließen. Muscheln, die sich nicht schließen, wegwerfen! Wenn Sie Sandklaffmuscheln verwenden, diese 1 Stunde in kaltes Wasser legen, dann gründlich abspülen.

2. Die Toastbrotscheiben von der Rinde befreien.

3. Den Grill des Kombinationsgerätes oder des Backofens vorheizen. Die Toastbrotscheiben insgesamt 2 1/2 Minuten grillen (im Kombinationsgerät ohne Zuschaltung von Mikrowelle). Die Toasts nach 1 1/2 Minuten wenden.

4. Die warmen Brotscheiben mit der Butter bestreichen. Die Schalotte fein hacken.

5. Die Muscheln in eine weite mikrowellengeeignete Form mit Deckel geben. Die Schalotte, den Weißwein und das Wasser hinzufügen und die Muscheln zugedeckt bei 600 (500) Watt 1 1/2–3 (1 3/4–3 1/2) Minuten garen. Die Muscheln dabei nach der Hälfte der Garzeit wenden. Die Gardauer hängt stark von der Größe der Muscheln ab. Sie sind gar, wenn sie sich geöffnet haben. Muscheln, die sich beim Garen nicht öffnen, wegwerfen.

6. Die Muscheln aus dem Gerät nehmen und zugedeckt einige Minuten stehenlassen. Dann das Muschelfleisch aus den Schalen lösen. Die Garflüssigkeit durch ein Sieb passieren.

7. Die Garnelen in die Form legen und mit etwas Muschelsud beschöpfen. Die Garnelen zugedeckt 1 (1 1/4) Minute bei 600 (500) Watt garen. Die Garnelen dann aus dem Sud nehmen und zu dem Muschelfleisch geben.

8. Die Fischfilets in etwa 1/2 cm dicke Scheiben schneiden, mit Salz und Pfeffer würzen. Die Fischscheiben in den Garfond der Garnelen legen und zugedeckt bei 600 (500) Watt 3/4 (1) Minute garen. Die Fischscheiben aus dem Garfond heben und abtropfen lassen.

9. Den Fond mit dem Whisky verrühren und offen bei 600 (500) Watt in 3 1/2 (4) Minuten einkochen lassen.

10. 1 Eßlöffel der Sahne steif schlagen und kalt stellen.

11. Die restliche Sahne und den gehackten Estragon unter den Fond rühren. Alles noch einmal 3 1/2 (4) Minuten bei 600 (500) Watt einkochen lassen. Die Sauce dann eventuell mit Salz und Pfeffer abschmecken.

12. Die Fischstücke, die Muscheln und die Garnelen mit der eingekochten Sauce mischen. Die steifgeschlagene Sahne unterheben.

13. Die Toastbrotscheiben mit dem Frikassee belegen und eventuell noch einmal 1 (1 1/4) Minute bei 600 (500) Watt erwärmen. Die Toasts mit den Estragonzweiglein garniert servieren.

Mein Tip: Sie können die Toasts zum Schluß auch etwa 1 Minute unter den vorgeheizten Grill des Kombinationsgerätes (ohne Zuschaltung von Mikrowelle) oder des Backofens schieben.

Varianten: Für diese Toasts können Sie beliebige andere Fischsorten verwenden. Die Muscheln lassen sich durch Jakobsmuscheln, in dünne Scheiben geschnitten, ersetzen.

Gefüllte Muscheln auf provenzalische Art

Das Gericht erinnert an Ferien am Mittelmeer

Für 2 Personen

1 kg Miesmuscheln
1/4 l Weißwein
6 Eßl. Wasser
Für die Füllung:
50 g Butter
2 Knoblauchzehen
2 Schalotten
1 Eßl. Olivenöl
3 Eßl. gemischte Kräuter (zum Beispiel Petersilie, Basilikum, Thymian), frisch gehackt
2 Scheiben Toastbrot

Arbeitsaufwand:
etwa 30 Minuten
Garzeit:
17 1/2 (18) Minuten
Nährwert:
etwa 2400 kJ/
570 kcal je Person

1. Die Muscheln unter fließendem kaltem Wasser mit einer Bürste gründlich reinigen, dann den Bart sorgfältig herauszupfen. Die Muscheln müssen sich beim Waschen schließen. Muscheln, die sich nicht schließen, wegwerfen.

2. Die Muscheln in ein passendes mikrowellengeeignetes Geschirr mit Deckel geben.

3. Den Weißwein und das Wasser hinzufügen und die Muscheln bei 600 (500) Watt 6 (6 1/2) Minuten zugedeckt garen. Die Muscheln dabei nach der Hälfte der Garzeit wenden. Muscheln, die sich beim Garen nicht geöffnet haben, wegwerfen; sie sind verdorben.

4. Die Muscheln aus dem Gerät nehmen und zugedeckt etwa 3 Minuten stehenlassen.

5. Inzwischen für die Füllung die Butter in eine kleine Schüssel geben und offen 1/2 Minute bei 600 (500) Watt weicher werden lassen.

6. Den Knoblauch durchpressen, die Schalotten hacken. Beides mit der Butter, dem Öl und den Kräutern zu einer glatten Paste verrühren. Die Brotscheiben von den Rändern befreien.

7. Den Grill des Kombinationsgerätes oder des Backofens vorheizen. Sobald er heiß ist, die Brotscheiben auf dem Rost unter die Grillschlangen schieben (im Kombinationsgerät ohne Zuschaltung von Mikrowellen) und 3 Minuten rösten. Nach der Hälfte der Zeit wenden.

8. Das Brot zu nicht zu feinen Bröseln zerreiben und unter die Kräuterbutter mischen.

9. Von den Muscheln jeweils die leere Schale entfernen. Die Muscheln sternförmig auf 2 feuerfeste Teller legen und mit der Kräutermasse füllen.

10. Die Muscheln nacheinander in die obere Schiene geben und jeweils 4 Minuten ohne Zuschaltung von Mikrowellen überbacken.

11. Sollten die Muscheln, die zuerst überbacken wurden, nicht mehr heiß genug sein, diese nochmals 1 Minute überbacken.

Mein Tip: Sie können die Muscheln auch gleichzeitig in der Fettpfanne des Gerätes oder dem Backblech überbacken.
Die Schalen der Muscheln werden sehr heiß, und Sie müssen Sie nach dem Gratinieren mit einem Topflappen vorsichtig auf die Teller verteilen.
Dieses Gericht wird zu einer kompletten Mahlzeit, wenn Sie eine Tomatensauce und körnig gegarten weißen Reis dazu servieren.

Fenchelterrine mit Scampi

Kann warm oder kalt serviert werden

Für 4 Personen

Für die Terrine:
500 g Fenchel
100 ccm (0,1 l) Wasser
Salz
frisch gemahlener Pfeffer
200 g rohe, geschälte Scampi
1 Eiweiß
1 Teel. Pernod
5 Eßl. angefrorene Sahne/Rahm
Cayennepfeffer
Für den Salat:
12 Blätter Eichblattsalat oder Lollo rosso
12 Cherry-Tomaten
4 Eßl. Olivenöl
1 Eßl. Sherryessig
Salz, frisch gemahlener Pfeffer

Arbeitsaufwand:
etwa 1 Stunde
Garzeit:
34 Minuten
Nährwert:
etwa 1120 kJ/ 280 kcal je Person

Alle Terrinen bestehen aus luftigen empfindlichen Massen, die nur wenig Hitze vertragen, damit sie optimal gelingen und nicht porös werden. Auf herkömmliche Art gart man sie deshalb im Wasserbad (das niemals kochen darf) und sie haben eine relativ lange Garzeit.
Anders in der Mikrowelle: Mit der schonenden Auftaustufe (180 Watt) sind Terrinen in kurzer Zeit ohne das aufwendige Wasserbad gegart und gelingen ganz sicher.
Wichtig bei der Zubereitung von Terrinen ist vor allem, daß Sie alle Zutaten kühl verarbeiten, sonst gerinnt beim Garen das Eiweiß – in diesem Fall der Scampi – und flockt aus. Die Konsistenz der fertigen Terrine wäre dann nicht schön glatt, sondern porös. Außerdem sollten Sie die Form, wenn Sie die Terrinenmasse eingefüllt haben, immer einige Male kräftig auf die Arbeitsfläche schlagen. So kann die Luft entweichen, die beim Vermengen unter die Masse gerät. Wenn diese Luft in der Masse bliebe, bekäme sie beim Garen Löcher. Damit Arbeitsfläche und Terrinenform beim Klopfen nicht angeschlagen werden oder zerbrechen, legen Sie die Arbeitsfläche am besten mit einem großen angefeuchteten Küchentuch aus, das Sie einige Male zusammenfalten, damit es dicker wird.
Statt mit Salat können Sie die Terrine auch mit einer *Cocktailsauce* servieren. Dazu 4 Eßlöffel Mayonnaise (möglichst selbst gemacht) mit 2 Eßlöffeln Tomatenketchup, 2 Eßlöffeln Sahnequark und 1 Eßlöffel Cognac gründlich verrühren. Die Cocktailsauce pikant mit Salz, frisch gemahlenem Pfeffer und Cayennepfeffer abschmecken. Nach Belieben können Sie auch noch 2 Eßlöffel geschlagene Sahne oder Crème double unter die Sauce mischen. Gut schmeckt die Cocktailsauce auch, wenn Sie etwas geriebene Ingwerwurzel untermengen.
Oder Sie servieren ein *kalte Kräutersauce* zu der Terrine: Dazu 150 g Sahnequark mit einem Schneebesen cremig schlagen. 2 Eßlöffel gemischte, frisch gehackte Kräuter (je nach Jahreszeit und persönlichem Geschmack) untermischen. 2 Eßlöffel Crème double oder geschlagene Sahne unterziehen und die Sauce mit Salz, frisch gemahlenem Pfeffer und Cayennepfeffer pikant abschmecken.
Zu dieser Terrine können Sie auch eine *Kressesauce* servieren. Dafür 100 g Gartenkresse mit einer Küchenschere vom Beet schneiden, dann mit 1 Eßlöffel feingehackten Schalotten und 2 Eßlöffeln Sahne im Mixer oder Blitzhacker pürieren. 100 g saure Sahne untermischen und die Sauce mit Salz und frisch gemahlenem Pfeffer oder etwas Cayennepfeffer pikant abschmecken.

1. Den Fenchel waschen, putzen und den Strunk keilförmig herausschneiden. 50 g vom Fenchel in kleine Würfel schneiden. Das Fenchelgrün waschen und fein hacken.

2. Den restlichen Fenchel in feine Streifen schneiden und mit dem Wasser, wenig Salz und Pfeffer in ein Mikrowellengefäß mit Deckel geben. Den Fenchel zugedeckt bei 490 (500) Watt 14 Minuten garen.

3. Den gegarten Fenchel abgießen, die Flüssigkeit dabei auffangen. Den Fenchel auf der Kochstelle unter ständigem Rühren garen, bis er trocken ist. Den gewürfelten Fenchel in der aufgefangenen Flüssigkeit zugedeckt bei 490 (500) Watt 6 Minuten garen.

4. Die gegarten Fenchelstreifen im Mixer pürieren, abkühlen lassen und in den Kühlschrank stellen. 100 g Scampi in Stücke schneiden und ebenfalls pürieren. Alle Zutaten für die Terrine etwa 30 Minuten kühl stellen.

5. Das Scampipüree mit dem pürierten Fenchel, dem Eiweiß, dem Pernod sowie der angefrorenen Sahne gründlich, aber vorsichtig mischen.

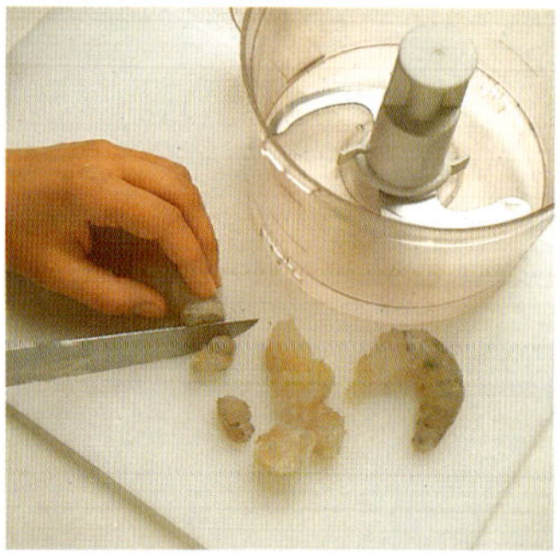

6. Die Fenchelwürfel abgießen. Die restlichen Scampi kleinschneiden und mit den Fenchelwürfeln, dem Fenchelkraut, Salz, Pfeffer und Cayennepfeffer unter die Terrinenmasse ziehen.

7. Eine mikrowellengeeignete Terrinenform von 1/2 l Inhalt mit Klarsichtfolie auskleiden.

8. Die Fenchel-Scampi-Masse in die Terrinenform füllen und an der Oberfläche glattstreichen.

9. Die Arbeitsfläche mit einem feuchten, zusammengefalteten Küchentuch belegen. Die Terrine einige Male darauf stoßen, damit die Luft entweichen kann. Die Terrine bei 180 Watt 14 Minuten garen. In der Form abkühlen lassen.

10. Zum Servieren den Salat mit den halbierten Tomaten auf Tellern verteilen. Öl, Essig, Salz und Pfeffer mischen und erst vor dem Servieren über den Salat träufeln. Die Terrine in Scheiben schneiden. Auf jeden Teller 1–2 Scheiben legen.

Lauwarmer Fischsalat

Der Fisch wird im letzten Moment gegart

Für 4 Personen

200 g Seeteufel im Stück, ohne Gräte
200 g Lachsfilet
4 große Garnelen
1 Eßl. kaltgepreßtes Olivenöl
Salz, frisch gemahlener weißer Pfeffer
Für die Sauce:
2 Eßl. Walnußöl
1/2 Eßl. Sherryessig
1 Teel. Estragon, fein gehackt
Salz, frisch gemahlener Pfeffer
1 Prise Cayennepfeffer
Zum Garnieren:
4 Zweige Estragon
1 Zitrone

Arbeitsaufwand:
etwa 20 Minuten
Garzeit:
3 (3 1/2) Minuten
Nährwert:
etwa 1100 kJ/
260 kcal je Person

1. Den Seeteufel und den Lachs in je 4 gleich große Stücke schneiden. Die Garnelen schälen. Den Schwanz dabei daran lassen. Dann den dunklen, fadenförmigen Darm entfernen.

2. Eine flache mikrowellengeeignete Schale mit etwas Olivenöl ausstreichen. Die Fischstücke und die Garnelen in die Schale legen und mit dem restlichen Olivenöl beträufeln.

3. Die Fischstücke 2 (2 1/2) Minuten bei 600 (500) Watt offen garen. Den Fisch aus dem Gerät nehmen und mit wenig Salz und Pfeffer bestreuen.

4. Für die Sauce das Öl mit dem Essig, dem Estragon, Salz, Pfeffer und dem Cayennepfeffer gründlich verrühren und in eine kleine mikrowellengeeignete Schüssel geben.

5. Die Fischstücke auf Teller geben. Den Saft, der beim Garen ausgetreten ist, unter die Salatsauce rühren.

6. Die Salatsauce 1 Minute bei 490 (500) Watt erwärmen.

7. Die Sauce über den Fisch geben. Jede Portion mit 1 Estragonzweiglein und 1 Zitronenviertel garnieren.

Mein Tip: Sie können den Fischsalat nach Belieben mit wenig Blattsalat garnieren.

Varianten: Im Frühling und Frühsommer, wenn es frischen Spargel gibt, können Sie den Salat auch einmal mit Spargel zubereiten. Den Spargel dazu, wie auf Seite 94 beschrieben, garen. Den unteren Teil der gegarten Stangen leicht schräg in etwa 1 1/2 cm dicke Scheiben schneiden. Den Spargel mit der Hälfte der Sauce mischen und in die Mitte der Teller geben. Die Fischstücke und die Garnelen darauf anrichten und mit den Spargelspitzen garnieren.
Oder Sie schneiden die Fischstücke kleiner und mischen sie mit gegarten Tintenfischringen. Dazu die Tintenfischringe mit 100 ccm Wasser und 2 1/2 Eßlöffeln Weißwein zugedeckt bei 600 (500) Watt 25 (28) Minuten garen. Für die Sauce Olivenöl verwenden und durchgepreßten Knoblauch untermischen. Die Fischstücke und die Tintenfischringe lauwarm mit der Sauce mischen und mit den Garnelen belegen.
Statt der Salatgarnitur können Sie 2 Avocados schälen, vom Kern befreien und in Scheiben schneiden. Die Avocadoscheiben mit Zitronensaft beträufeln und neben den Fischstücken anrichten.
Statt Garnelen können Sie Scampi oder Krabben verwenden.
Außerdem können Sie zu diesem Fischsalat auch andere Saucen zubereiten:
Für eine *Haselnußsauce* das Walnußöl durch Haselnußöl und den Sherryessig durch Weißweinessig ersetzen. Die Sauce mit 1/2 durchgepreßten Knoblauchzehe und 1 Messerspitze scharfem Senf abschmecken. Den Fischsalat mit gerösteten, in feine Scheiben geschnittenen Haselnüssen bestreuen. Die Haselnüsse rösten Sie am besten in einer trockenen Pfanne auf der Kochstelle.
Für eine *Joghurtsauce* 180 g Joghurt mit 2 durchgepreßten Knoblauchzehen und 1 Eßlöffel gehäuteten, gemahlenen Mandeln verrühren. Die Sauce mit Salz und Pfeffer abschmecken.
Für eine *Meerrettichsauce* 150 g saure Sahne mit 2 Eßlöffeln frisch geriebenem Meerrettich oder 1 Teelöffel »Wasabi« (japanischer Meerrettich aus der Dose) mischen. Die Sauce mit Salz und frisch gemahlenem Pfeffer abschmecken.

Eiertöpfchen mit Gemüse

Kleiner Auftakt zu einem einfachen Menü

Für 4 Personen

1 kleine Aubergine
Salz
1 kleiner Zucchino
1 kleine grüne Paprikaschote/Peperone
1 kleine Zwiebel oder
2 Frühlingszwiebeln
8 Basilikum- oder Pfefferminzblättchen
2 Knoblauchzehen
8 Cherry-Tomaten
3 Eßl. kaltgepreßtes Olivenöl
frisch gemahlener Pfeffer
4 Eier

Arbeitsaufwand:
etwa 30 Minuten
Garzeit:
15 1/2 (17) Minuten
Nährwert:
etwa 750 kJ/
180 kcal je Person

1. Die Aubergine waschen, putzen und ungeschält zuerst in etwa 1 cm dicke Scheiben, dann in kleine Würfel schneiden. Die Würfel mit wenig Salz bestreuen und 10 Minuten ziehen lassen. Die Auberginenwürfel dann mit Küchenpapier trockentupfen.

2. Den Zucchino waschen und putzen, dann ungeschält klein würfeln. Die Paprikaschote waschen und halbieren. Den Stielansatz und die Kerne entfernen und die Hälften in kleine Würfel schneiden. Die Zwiebel oder die Frühlingszwiebeln fein hacken. Die Kräuterblätter klein zupfen. Den Knoblauch durch die Presse drücken. Die Cherry-Tomaten waschen und halbieren.

3. 1 Eßlöffel Olivenöl in eine Bräunungsschale geben und 1 1/2 (1 3/4) Minuten bei 600 (500) Watt erhitzen.

4. Die Aubergine hinzufügen und 3 (3 1/2) Minuten bei 600 (500) Watt offen braten. Dabei nach der Hälfte der Zeit einmal gründlich durchrühren. Die Aubergine dann von der Schale nehmen.

5. Das restliche Öl auf die Bräunungsschale geben. Die Zwiebeln, die Zucchini- und die Paprikawürfel hinzufügen und offen bei 600 (500) Watt 2 (2 1/2) Minuten dünsten.

6. Die Auberginenwürfel mit den Kräutern und dem Knoblauch wieder unter das Gemüse mischen und alles noch einmal 1 1/2 (1 3/4) Minuten bei 600 (500) Watt garen. Das Gemüse mit Salz und Pfeffer würzen.

7. Die Gemüsemischung in kleine mikrowellengeeignete Förmchen von etwa 9 cm Ø oder feuerfeste Teller füllen. Die Förmchen sollen nur zu drei Vierteln gefüllt sein.

8. Die Cherry-Tomaten auf die Bräunungsschale geben und 1 Minute bei 490 (500) Watt offen garen.

9. Die Eier sorgfältig trennen. Je 1 Eiweiß über das Gemüse gießen und mit wenig Salz und Pfeffer bestreuen. Mit einem kleinen Löffel eine Vertiefung in die Mitte der Gemüsemasse drücken. Die Eigelbe hineingleiten lassen und die Haut jedes Eigelbs mit einer Nadel mehrmals einstechen.

10. Die Förmchen mit Klarsichtfolie abdecken und gleichmäßig verteilt in das Mikrowellengerät stellen. Die Gemüsemasse 4 Minuten bei 490 (500) Watt garen.

11. Die Förmchen aus dem Gerät nehmen und die Folie entfernen. Die Cherry-Tomaten um die Eigelbe verteilen. Die Förmchen wieder mit der Folie abdecken und die Masse weitere 2 1/2 Minuten bei 490 (500) Watt garen.

Meine Tips: Die Gemüsesorten können Sie je nach Jahreszeit beliebig austauschen. Es schmecken zum Beispiel auch kleingeschnittene Spargelspitzen, grüne Erbsen und Maiskörner.
Zu einem Imbiß oder zu einer kleinen Mahlzeit werden die Eiertöpfchen, wenn Sie das Gemüse mit Schinkenwürfelchen vorgaren. In diesem Fall sollten Sie etwas größere Förmchen nehmen.

Kalbsbries mit grüner Sauce

Delikate und originelle Vorspeise

Für 4 Personen

200 g Kalbsbries/Milke
4 Eier
1 Zwiebel
1 Lorbeerblatt
1 Gewürznelke
300 ccm (0,3 l) Fleischbrühe
2 Frühlingszwiebeln
1 1/2 Teel. scharfer Senf (Dijon)
3 Eßl. Zitronensaft oder Weißweinessig
6 Eßl. kaltgepreßtes Olivenöl
3 Eßl. Petersilie, frisch gehackt
1 Eßl. Basilikum, frisch gehackt
1 Teel. Majoran, frisch gehackt
1/2 Teel. Thymianblättchen
2 Knoblauchzehen
Salz
frisch gemahlener Pfeffer

Ruhezeit: 2–3 Stunden
Arbeitsaufwand: etwa 30 Minuten
Garzeit: 11 1/2 (12) Minuten
Nährwert: etwa 1200 kJ/ 290 kcal je Person

1. Das Kalbsbries in eine Schüssel legen, mit kaltem Wasser bedecken und 2–3 Stunden ruhen lassen.

2. Inzwischen die Eier in sprudelnd kochendem Wasser auf der Kochstelle in etwa 10 Minuten hart kochen. Die Eier kalt abschrecken.

3. Das gewässerte Kalbsbries häuten und von allen Unreinheiten befreien. Die Zwiebel schälen und halbieren. Eine Hälfte mit dem Lorbeerblatt, die andere Hälfte mit der Gewürznelke spicken.

4. Die gespickten Zwiebelhälften mit der Fleischbrühe in eine mikrowellengeeignete Form mit Deckel geben und zugedeckt bei 600 (500) Watt in 2 1/2 (3) Minuten aufkochen lassen.

5. Das Kalbsbries in die Fleischbrühe geben und zugedeckt bei 360 Watt in 7 Minuten gar ziehen lassen. Das Kalbsbries aus dem Gerät nehmen und zugedeckt stehenlassen.

6. Für die Sauce die Eier schälen. 2 Eier halbieren und die Eigelbe herauslösen. Die Eigelbe durch ein feines Sieb in eine Schüssel streichen. Die Eiweiße fein hacken. Die Frühlingszwiebeln waschen, putzen und in feine Ringe schneiden.

7. Den Senf mit dem Zitronensaft oder dem Essig zu den Eigelben geben und alles gründlich verrühren. Das Öl nach und nach unterschlagen. Die Kräuter, die Frühlingszwiebeln und die gehackten Eiweiße unter die Sauce rühren. Den Knoblauch schälen und durch die Presse dazudrücken. Die Sauce mit Salz und reichlich Pfeffer abschmecken.

8. Das Kalbsbries in etwa 1 cm dicke Scheiben schneiden und in ein flaches mikrowellengeeignetes Gefäß mit Deckel legen. Das Kalbsbries mit wenig Sud beschöpfen und zugedeckt bei 360 Watt noch einmal 2 Minuten erwärmen.

9. Die Kalbsbriesscheiben abtropfen lassen und auf Teller verteilen. Das Kalbsbries mit der Sauce begießen. Die restlichen Eier schälen, vierteln und dazulegen.

10. Dazu schmeckt frisches, knuspriges Brot mit Butter.

Meine Tips: Sollte die Sauce zu dickflüssig sein, können Sie sie mit wenig Fleischbrühe oder Essig-Öl-Mischung verdünnen. Die Sauce läßt sich (ohne Frühlingszwiebeln und Knoblauch) etwa 1 Tag zugedeckt im Kühlschrank aufbewahren.
Beim Einkauf von Kalbsbries sollten Sie darauf achten, daß es blaßrosa bis weiß aussieht und eine schimmernde Oberfläche hat.
Nach dem Wässern und Vorgaren müssen alle Unreinheiten und die Haut gründlich entfernt werden. Erst dann läßt sich Kalbsbries zu einer Delikatesse weiterverarbeiten.
Bries oder Milken werden auch Schweser oder Kalbsmilch genannt. Es handelt sich dabei allerdings nicht um eine Milch-, sondern um eine Wachstumsdrüse, die sich mit zunehmendem Alter des Tieres wieder zurückbildet. Deshalb gibt es nur vom Kalb gutes Bries. Sie können längliches Bries aus der Hals- und rundliches aus der Herzpartie bekommen.

Geflügeltimbale mit Gemüse und Kräutersauce

Kann ein festliches Menü eröffnen

Für 2 Personen

1 Möhre/Karotte
2 Eßl. Wasser
Salz
2 Eßl. grüne Erbsen (eventuell tiefgefroren)
90 g gekühltes Hähnchen- oder Truthahnfleisch
7 Eßl. Sahne/Rahm, leicht angefroren
frisch gemahlener Pfeffer
1 Teel. Kerbel, fein gehackt
30 g sehr kleine Schinkenwürfelchen
Für die Förmchen:
10 g Butter
Für die Sauce:
5 Eßl. Weißwein
3 Eßl. Hühnerbrühe
125 g Sahne/Rahm
20 g Butter
Salz
frisch gemahlener Pfeffer
2 Eßl. gemischte Kräuter (Kerbel, Thymian und Petersilie), frisch gehackt

Arbeitsaufwand:
etwa 30 Minuten
Garzeit:
16 1/2 (18 3/4) Minuten
Nährwert:
etwa 2400 kJ/ 570 kcal je Person

1. Die Möhre putzen, schälen und in kleine Würfel schneiden. Es sollen etwa 2 Eßlöffel sein.

2. Die Möhrenwürfel mit dem Wasser und 1 Prise Salz in eine mikrowellengeeignete Form mit Deckel geben und zugedeckt bei 600 (500) Watt 1 (1 1/4) Minute garen. Die Erbsen hinzufügen und alles bei 600 (500) Watt 1 (1 1/4) weitere Minute zugedeckt garen.

3. Das Gemüse abkühlen lassen, dann auf einem Küchentuch trocknen lassen.

4. Das Geflügelfleisch in Stücke schneiden, dann im Blitzhacker pürieren. Die angefrorene Sahne nach und nach unterruhren. Die Masse durch ein feines Sieb streichen und mit Salz und Pfeffer abschmecken.

5. Das Gemüse, den Kerbel und die Schinkenwürfelchen unter die Geflügelmasse mischen.

6. Zwei mikrowellengeeignete Porzellanförmchen von je 100 ccm Inhalt mit der Butter ausstreichen. Die Geflügelmasse einfüllen.

7. Für die Sauce 3 Eßlöffel Weißwein mit der Hühnerbrühe in einem mikrowellengeeigneten Gefäß mischen und 2 (2 1/2) Minuten bei 600 (500) Watt offen einkochen lassen.

8. Die Sahne unter die Sauce mischen und alles weitere 5 (5 1/2) Minuten offen bei 600 (500) Watt garen.

9. Die Butter in kleine Flöckchen schneiden und unter die Sauce rühren. Den restlichen Weißwein untermischen und die Sauce mit Salz und Pfeffer abschmecken.

10. Die Sauce bei 600 (500) Watt in 1 (1 1/4) Minute fertiggaren. Dann die Kräuter unterziehen.

11. Die Förmchen mit der Geflügelmasse mit Klarsichtfolie abdecken. Die Timbale bei 600 (500) Watt 5 (5 1/2) Minuten garen. Dann 2–3 Minuten in den Förmchen stehenlassen.

12. Die Sauce zugedeckt bei 490 (500) Watt in 1 1/2 Minuten wieder erwärmen.

13. Die Timbalen mit einem Messer leicht vom Rand der Förmchen lösen, dann auf vorgewärmte Teller stürzen und mit der Kräutersauce umgießen.

Varianten: Sie können den Schinken auch weglassen und statt dessen etwas mehr Gemüsewürfel verwenden. Oder Sie nehmen statt Möhren und Erbsen andere Gemüsesorten, wie zum Beispiel Paprikaschoten, Zucchini und Tomaten. Die Tomaten häuten, entkernen und die Flüssigkeit gut ausdrücken.

Mein Tip: Die Zutaten für die Geflügelmasse müssen vor der Verarbeitung unbedingt kühl gestellt werden, sonst wird die Masse beim Garen nicht glatt, sondern »grießig«.

Geflügellebertoasts mit Orangen

Variante der beliebten italienischen Crostini

Für 4 Personen

4 Scheiben Toastbrot
250 g Geflügellebern
1/2 Lorbeerblatt
2 Salbeiblätter
2 Eßl. Marsala
1 Teel. abgeriebene unbehandelte Orangenschale
Saft von 1 Orange
1 kleine Schalotte
2 Eßl. Butterschmalz/ Bratbutter oder Olivenöl
Salz
frisch gemahlener Pfeffer
2 Eßl. Petersilie, frisch gehackt
8 Zweiglein glattblättrige Petersilie
Zum Garnieren:
8 Orangenfilets (nach Belieben)

Arbeitsaufwand:
etwa 30 Minuten
Marinierzeit: etwa 1 Stunde
Garzeit:
12 1/2 (14 1/2) Minuten
Nährwert:
etwa 1400 kJ/ 330 kcal je Person

1. Den Grill des Kombinationsgerätes oder des Backofens vorheizen. Die Toastbrotscheiben auf dem Rost in die obere Schiene des Gerätes geben und insgesamt 2 1/2 Minuten rösten. Im Kombinationsgerät keine Mikrowelle zuschalten. Die Toastbrotscheiben nach 1 1/2 Minuten wenden.

2. Die Geflügellebern putzen, das heißt von Gallenresten, Gefäßen und Fett befreien. Die Lebern waschen und in einen Suppenteller legen. Das Lorbeerblatt und die Salbeiblätter dazulegen, den Marsala darüber gießen.

3. Die Geflügellebern zugedeckt etwa 1 Stunde marinieren.

4. Dann die Orangenschale und den Orangensaft in eine kleine mikrowellengeeignete Schale geben und offen bei 600 (500) Watt 3 (3 1/2) Minuten einkochen lassen.

5. Die Salbeiblätter und die Geflügellebern aus der Marinade nehmen und mit Küchenpapier trockentupfen. Die Geflügellebern kleinschneiden. Die Marinade durch ein Sieb in eine Schüssel passieren und beiseite stellen.

6. Die Schalotte fein hacken. Das Butterschmalz oder das Olivenöl in eine mikrowellengeeignete Schale (möglichst eine Bräunungsschale) geben und 1 (1 1/4) Minute bei 600 (500) Watt erwärmen.

7. Die Salbeiblätter zerkleinern und mit der Schalotte in die Schale geben. Alles 2 1/2 (3) Minuten bei 600 (500) Watt offen andünsten.

8. Die Geflügellebern hinzufügen und bei 600 (500) Watt 1 1/2 (1 3/4) Minuten leicht anbraten. Die Lebern gründlich durchrühren und noch einmal 1 (1 1/4) Minute bei 600 (500) Watt braten.

9. Die Marinade und den eingekochten Orangensaft zu den Lebern geben. Alles noch einmal 1 (1 1/4) Minute bei 600 (500) Watt erwärmen.

10. Die Geflügellebermasse im Mixer fein pürieren. Das Püree mit Salz und Pfeffer abschmecken, dann die gehackte Petersilie untermischen.

11. Die Toastbrotscheiben diagonal so halbieren, daß Dreiecke entstehen. Die noch warme Lebermasse leicht hügelförmig darauf anrichten. Die Toasts mit den Petersilienzweiglein und nach Belieben den Orangenfilets garnieren, dann sofort servieren.

Meine Tips: Wenn Sie kein Kombinationsgerät oder keinen Backofen mit Grill besitzen, können Sie die Brotscheiben im Toaster rösten.
Orangen lassen sich am besten in Filets teilen, wenn Sie die Orange mit einem scharfen Messer wie einen Apfel schälen, so daß auch die weiße Haut entfernt wird. Die Schnitze lassen sich dann mit einem kleinen spitzen Messer aus den Trennwänden herauslösen. Wenn Ihnen dies zu aufwendig erscheint, können Sie jeden Toast mit 1 dünn geschnittenen Orangenscheibe garnieren. Das ist einfacher, jedoch nicht ganz so delikat.

Fischsuppe mit Muscheln

Wie man sie in südlichen Ländern ißt

Für 2 Personen

200 g Miesmuscheln
1 kleine Zwiebel
1/4 l lauwarmes Wasser
Salz
1 Pfefferkorn
100 g Fischgräten (am besten von Seezunge)
1/2 kleine Stange Lauch
1 Eßl. Olivenöl
100 g Seeteufel ohne Gräten
1 Eßl. gemischte Kräuter (zum Beispiel Basilikum, Petersilie und Thymian)
1 Prise Fenchelsamen
1 Prise Safranfäden
1/3 Lorbeerblatt
1/4 kleine rote Pfefferschote (Peperoncino)
1 Sardellenfilet (in Öl eingelegt)
1 Knoblauchzehe

Arbeitsaufwand:
etwa 30 Minuten
Garzeit:
10 (12) Minuten
Nährwert:
etwa 560 kJ/
130 kcal je Person

1. Die Muscheln unter fließendem kaltem Wasser gründlich abbürsten und den Bart herauszupfen. Die Muscheln müssen sich beim Waschen schließen. Muscheln, die sich nicht schließen, wegwerfen! Die Zwiebel fein hacken.

2. Die Muscheln mit dem Wasser, Salz, dem zerdrückten Pfefferkorn, den Fischgräten und der Hälfte der gehackten Zwiebel in ein mikrowellengeeignetes Gefäß mit Deckel geben und zugedeckt bei 600 (500) Watt 3 (3 1/2) Minuten garen. Dabei nach der Hälfte der Zeit die Form aus dem Gerät nehmen und etwas schütteln.

3. Nach der Garzeit sollen sich die Muscheln geöffnet haben. Ungeöffnete Muscheln wegwerfen, sie sind verdorben. Die geöffneten Muscheln herausnehmen, die Garflüssigkeit durch ein Sieb passieren und beiseite stellen.

4. Den Lauch putzen und in Ringe schneiden. Das Olivenöl mit der restlichen gehackten Zwiebel und dem Lauch in eine andere mikrowellengeeignete Form geben und bei 600 (500) Watt 2 (2 1/2) Minuten offen dünsten.

5. Den Seeteufel in Stücke schneiden, hinzufügen und zugedeckt bei 600 (500) Watt 1 (1 1/4) Minute garen.

6. Die Kräuter, die Fenchelsamen, den Safran, das Lorbeerblatt und die passierte Muschelbrühe hinzufügen. Die Suppe zugedeckt bei 600 (500) Watt 3 (3 1/2) Minuten garen.

7. Inzwischen die Pfefferschote längs halbieren und gründlich von den Kernen befreien. Die Hälften in kleine Stücke schneiden. Die Pfefferschote mit dem Sardellenfilet und der geschälten Knoblauchzehe sehr fein hacken.

8. Die Pfefferschotenmischung mit den Muscheln in die Suppe geben und gut umrühren. Die Suppe bei 600 (500) Watt 1 (1 1/4) Minute erwärmen.

9. Die Suppe in vorgewärmte Suppentassen füllen und sofort servieren.

Meine Tips: Die Fischsuppe schmeckt sehr gut, wenn Sie *Knoblauchcroûtons* dazu servieren. Dafür Weißbrot von der Rinde befreien, in Scheiben schneiden und mit etwas Olivenöl beträufeln. Die Scheiben unter den Grill des Kombinationsgerätes oder des Backofens schieben und rösten, bis sie gebräunt sind. Dann mit wenig durchgepreßtem Knoblauch und eventuell gehackten Kräutern bestreichen.
Sie können die gegarte Suppe auch in feuerfeste mikrowellengeeignete Suppentassen füllen, mit einer Blätterteighaube versehen und bei Ober- und Unterhitze 240° oder Umluft 220° backen, bis der Teig schön gebräunt ist.

Grünkernsuppe mit Geflügel

Ein altes Getreide wiederentdeckt

Für 4 Personen

150 g Geflügelfleisch, ohne Haut und Knochen (Hähnchen oder Truthahn)
1/4 l Hühnerbrühe
1 Eßl. Butter
1 Eßl. Lauch, fein gehackt
1 Eßl. Staudensellerie, fein gehackt
1 1/2 Eßl. Grünkern, fein gemahlen (15 g)
5 Eßl. Sahne/Rahm
Salz, frisch gemahlener weißer Pfeffer, geriebene Muskatnuß
1 Eßl. Schnittlauchröllchen

Arbeitsaufwand: etwa 20 Minuten
Garzeit: 20 (23 1/4) Minuten
Nährwert: etwa 680 kJ/ 160 kcal je Person

1. Das Geflügelfleisch in dünne, kurze Streifen schneiden. Dann in eine mikrowellengeeignete Form mit Deckel geben und mit etwas Hühnerbrühe begießen.

2. Das Geflügelfleisch zugedeckt 2 (2 1/2) Minuten bei 600 (500) Watt garen. Das Geflügelfleisch dann zugedeckt beiseite stellen, bis es wieder gebraucht wird.

3. Die Butter in einer anderen, hohen mikrowellengeeigneten Form bei 600 (500) Watt in 1/2 (3/4) Minute erwärmen.

4. Den Lauch und den Sellerie zu der Butter geben und offen 1 1/2 (1 3/4) Minuten bei 600 (500) Watt andünsten.

5. Das Grünkernmehl gründlich unterrühren und 1 (1 1/4) Minute bei 600 (500) Watt dünsten. Die Masse dann gründlich durchrühren und die restliche Hühnerbrühe unter Rühren dazugießen. Die Garflüssigkeit des Geflügelfleisches ebenfalls untermengen.

6. Die Suppe zugedeckt bei 600 (500) Watt 10 (11 1/2) Minuten kochen lassen. Dann die Sahne unterrühren und die Suppe weitere 5 (5 1/2) Minuten zugedeckt bei 600 (500) Watt garen. Sollte die Suppe nach dieser Zeit nicht schön sämig sein, die Garzeit um 1–2 Minuten verlängern.

7. Die Suppe mit dem Gemüse in den Mixer geben und fein pürieren.

8. Das Geflügelfleisch in die heiße Suppe geben. Die Suppe muß nicht mehr gegart werden, das Geflügelfleisch erwärmt sich in der heißen Suppe. Die Suppe mit Salz, Pfeffer und Muskat pikant würzen.

8. Die Suppe in vorgewärmte Suppentassen füllen und mit den Schnittlauchröllchen bestreut sofort servieren.

Variante: Sie können die Suppe vor dem Servieren mit Brotcroûtons bestreuen. Dazu 2 Scheiben Brot in sehr kleine Würfel schneiden. Eine Bräunungsschale 4 (4 1/2) Minuten bei 600 (500) Watt vorheizen. Etwa 1 Eßlöffel Butterschmalz/Bratbutter darauf zerlaufen lassen. Die Brotwürfel daraufgeben und etwa 2 (2 1/2) Minuten bei 600 (500) Watt braten. Dabei einmal durchrühren. Die Suppe in Teller verteilen und mit den Brotcroûtons bestreuen.

Mein Tip: Zusätzlich zu der Sahne, die Sie unter die Suppe rühren, können Sie noch etwas Sahne steif schlagen und die Suppe damit garnieren. Den Schnittlauch streuen Sie dann auf die Sahnehäubchen.

Rote Paprikasuppe

Die dekorative Suppe kann eine Vorspeise ersetzen

Für 2 Personen

2 große rote Paprikaschoten/Peperoni
je 1 kleiner Zweig Thymian, Rosmarin und Petersilie
1 kleine Schalotte
1/2 Eßl. Butter
1/2 Eßl. Zucker
1/2 Eßl. Tomatenpüree
1 Eßl. Zitronensaft
1/2 Eßl. edelsüßes Paprikapulver
1/8 l Hühnerbrühe
6–7 Eßl. Sahne/Rahm
Salz
frisch gemahlener Pfeffer
2 Dillzweiglein

Arbeitsaufwand: etwa 15 Minuten
Garzeit: 13 1/2 (15 3/4) Minuten
Nährwert: etwa 1100 kJ/ 260 kcal je Person

1. Die Paprikaschoten waschen und halbieren. Den Stielansatz und die Trennwände mit den Kernen entfernen. Die Paprikahälften dann in schmale Streifen schneiden. Den Thymian, den Rosmarin und die Petersilie mit Küchengarn zu einem Sträußchen binden. Die Schalotte fein hacken.

2. Die Butter in eine mikrowellengeeignete Form mit Deckel geben und in 1 (1 1/4) Minute bei 600 (500) Watt offen schmelzen lassen.

3. Den Zucker zu der geschmolzenen Butter geben und gründlich unterrühren. Den Zucker offen bei 600 (500) Watt in 1 1/2 (1 3/4) Minuten karamelisieren lassen.

4. Die Schalotten, die Paprikastreifen und das Tomatenpüree dazugeben und alles bei 600 (500) Watt weitere 3 1/2 (4) Minuten zugedeckt garen.

5. Den Zitronensaft und das Paprikapulver untermischen und alles noch einmal 1/2 (3/4) Minute offen bei 600 (500) Watt garen.

6. Die Hühnerbrühe, die Sahne und das Kräutersträußchen zu der Paprikamischung geben und die Suppe zugedeckt bei 600 (500) Watt in 7 (8) Minuten fertiggaren.

7. Das Kräutersträußchen aus der Suppe entfernen. Die Suppe mit Salz und Pfeffer abschmecken.

8. Die Suppe im Mixer pürieren und anschließend durch ein feines Sieb streichen.

9. Die Suppe in vorgewärmte Suppentassen füllen und mit je 1 Dillzweiglein garnieren.

Mein Tip: Sie können diese Suppe auch mit gelben Paprikaschoten zubereiten. Als zusätzliche Garnitur eignet sich wenig geschlagene Sahne und eventuell einige Paprikawürfel, die Sie vor dem Pürieren aus der Suppe nehmen.

Varianten: Aus diesem Rezept läßt sich auch ein Sauce zubereiten. Dafür das Gericht wie beschrieben kochen, aber nur etwa die Hälfte an Flüssigkeit verwenden und die Kräuter weglassen. Die Sauce mit etwas Cayennepfeffer abschmecken. Die Sauce paßt zu Meeresfischen, Lamm- oder Schweinefleisch oder zu Hacksteaks und Spießchen.
Die Suppe können Sie statt mit den angegebenen Kräutern auch mit Basilikumstreifen und etwas durchgepreßtem Knoblauch zubereiten. Die Suppe dann in die Tassen füllen und mit je 1 Basilikumblatt garnieren.

Gratinierte Fenchelsuppe

Kleine Vorspeise

Für 8 Personen

1 Schalotte
1 Eßl. Butter
500 g Fenchel
3/4 l Gemüse- oder Fleischbrühe
250 g Sahne/Rahm
Salz
frisch gemahlener Pfeffer
1 Teel. Pernod
Zum Überbacken:
6 Eßl. Sahne/Rahm

Arbeitsaufwand:
etwa 15 Minuten
Garzeit:
23 1/2 (27) Minuten
Nährwert:
etwa 750 kJ/ 180 kcal je Person

1. Die Schalotte schälen und fein hacken.

2. Die Schalotte dann mit der Butter in ein ausreichend großes mikrowellengeeignetes Gefäß geben und offen 2 (2 1/2) Minuten bei 600 (500) Watt andünsten.

3. Den Fenchel waschen, putzen und den Strunk keilförmig herausschneiden. Den Fenchel dann in etwa 1/2 cm breite Streifen schneiden.

4. Den Fenchel mit 1/4 l Gemüse- oder Fleischbrühe zu den Schalotten geben und zugedeckt 14 (16) Minuten bei 600 (500) Watt garen. Den Fenchel dann mit dem Pürierstab oder im Mixer pürieren.

5. Das Fenchelpüree mit der restlichen Brühe verrühren, wieder in eine feuerfeste mikrowellengeeignete Form mit Deckel geben und zugedeckt 3 (3 1/2) Minuten bei 600 (500) Watt erhitzen. Die Sahne untermischen und alles weitere 2 1/2 (3) Minuten zugedeckt bei 600 (500) Watt garen.

6. Die Suppe mit Salz, Pfeffer und dem Pernod abschmecken.

7. Den Grill des Kombinationsgerätes oder des Backofens einschalten.

8. Inzwischen die Sahne steif schlagen.

9. Die Suppe dann in kleine feuerfeste Suppentassen füllen und jeweils mit etwas Sahne bedecken. Die Suppe auf dem Rost in die obere Schiene geben und noch einmal etwa 2 Minuten ohne Zuschaltung von Mikrowellen überbacken.

10. Die gratinierte Fenchelsuppe sofort servieren.

Meine Tips: Sie können die Suppe gut vorbereiten, abkühlen lassen und im Kühlschrank aufbewahren. Dann müssen Sie sie vor dem Überbacken erst bei 600 (500) Watt zugedeckt einige Minuten erhitzen, da sie nur durch das Überbacken nicht heiß wird. Die geschlagene Sahne in jedem Fall erst unmittelbar vor dem Überbacken über die Suppe geben.
Es gibt zwei Sorten Fenchel: die kleinen Knollen, die besonders zart und milder im Geschmack sind und die größeren Knollen, die sehr kräftig schmecken. Die größeren Knollen eignen sich für die Suppe am besten. Durch langes Garen verliert sich der charakteristische Geschmack von Fenchel. Da die Garzeit in der Mikrowelle kurz ist, schmeckt die Suppe besonders kräftig.

Varianten: Nach diesem Rezept können Sie auch andere Gemüsesuppen zubereiten. Zum Beispiel aus Möhren/Karotten, Broccoli, Kürbis oder Zucchini. Oder Sie legen kleine Fischstücke (roh, gebeizt oder geräuchert), zum Beispiel von Lachs, Seeteufel oder Kabeljau in die Suppentassen und begießen sie mit der kochendheißen Suppe. Die Suppe nach Belieben mit wenig trockenem Wermut oder etwas mehr Pernod abschmecken.

Kartoffelcremesuppe mit Steinpilzen

Durch Steinpilze und Majoran interessant

Für 2 Personen

10 g getrocknete Steinpilze
1/2 Eßl. Butter
1 kleine Zwiebel
100 g Kartoffeln
300 ccm (0,3 l) Fleisch- oder Gemüsebrühe
50 g durchwachsener Speck in dünnen Scheiben
2 Eßl. Majoran, frisch gehackt
6 Eßl. Sahne/Rahm
Salz
frisch gemahlener Pfeffer

Quellzeit:
etwa 4 Stunden
Arbeitsaufwand:
etwa 20 Minuten
Garzeit:
16 1/2 (19) Minuten
Nährwert:
etwa 1700 kJ/
400 kcal je Person

1. Die Steinpilze in eine kleine Schüssel geben, mit Wasser bedecken und etwa 4 Stunden quellen lassen.

2. Dann die Butter in ein mittelgroßes mikrowellengeeignetes Gefäß geben und offen in 1 1/2 (1 3/4) Minuten bei 600 (500) Watt schmelzen lassen.

3. Die Zwiebel fein hacken. Die Kartoffeln schälen, waschen und in dünne Scheiben schneiden. Die Kartoffeln mit der Zwiebel in das Gefäß zur Butter geben und alles gut verrühren. Etwa drei Viertel der Fleisch- oder Gemüsebrühe angießen.

4. Die Kartoffeln zugedeckt 7 (8) Minuten bei 600 (500) Watt garen.

5. Die gegarten Kartoffeln mit der Garflüssigkeit und der restlichen Brühe mit dem Pürierstab oder im Mixer pürieren.

6. Den Speck in sehr kleine Würfel schneiden, auf eine Bräunungsplatte geben und 3 (3 1/2) Minuten bei 600 (500) Watt erhitzen. Den Speck aus dem Gerät nehmen und beiseite stellen.

7. Die Steinpilze in eine mikrowellengeeignete Form geben und zugedeckt 2 1/2 (3) Minuten bei 600 (500) Watt garen. Die Hälfte des Majorans hinzufügen und die Pilze noch einmal 1/2 (3/4) Minute bei 600 (500) Watt zugedeckt garen.

8. Die Speckwürfel und die Pilze mit der Sahne unter die pürierte Kartoffelsuppe mischen. Die Suppe zugedeckt bei 490 (500) Watt in 2 Minuten erhitzen.

9. Die Kartoffelsuppe mit Salz und Pfeffer würzen, in vorgewärmte Suppenteller oder -tassen füllen, mit dem restlichen Majoran bestreuen und sofort servieren.

Varianten: Ganz vorzüglich schmeckt die Suppe, wenn Sie sie mit frischen Steinpilzen zubereiten. In diesem Fall die geputzten Pilze in Scheiben schneiden und mit etwas Olivenöl oder Butterschmalz/Bratbutter in eine mikrowellengeeignete Form geben. Die Pilze offen bei 600 (500) Watt 2 1/2 (3) Minuten garen. Die Pilze mit etwas durchgepreßtem Knoblauch würzen und erst zum Schluß unter die Suppe mischen.
Oder Sie nehmen statt Steinpilzen Champignons, die Sie in Butter garen. Die Pilze zum Schluß mit frisch gehackter Petersilie und durchgepreßtem Knoblauch mischen und auf der Suppe verteilen.
Eine ausgesprochene Delikatesse wird die Suppe, wenn Sie sie bei Tisch mit frisch gehobelten weißen Trüffeln bestreuen.
Die Zwiebel können Sie weglassen und durch 1 dünne feingeschnittene Stange Lauch ersetzen.

VERLOCKENDE FISCHGERICHTE

Fisch – saftig und auf den Punkt gegart – das ist mit der Mikrowelle und meinen Rezepten ein Kinderspiel. Die Mikrowelle behandelt das zarte Fischfleisch so schonend, daß es einfach fantastisch schmeckt. Sie finden in diesem Kapitel viele überzeugende Beispiele: von Saibling mit Champagnersauce bis zu Lachsforellenfilets mit Grapefruitsauce.

Zanderfilets mit Graham-Kräuter-Sauce

Die Sauce macht den Zander zu einer Delikatesse

Für 4 Personen

400 g Zanderfilets
Saft von 1 Zitrone
frisch gemahlener Pfeffer
3 Eßl. Marsala
150 g altbackenes Grahambrot ohne Kruste, frisch gerieben
140 g Butter
Salz
1 große Knoblauchzehe
4 Eßl. Petersilie, frisch gehackt
1/4 l Weißwein
4 Petersilienzweige
2 Zitronen

Arbeitsaufwand:
etwa 20 Minuten
Marinierzeit:
etwa 30 Minuten
Garzeit:
12 1/2 (15) Minuten
Nährwert:
etwa 2100 kJ/
500 kcal je Person

1. Die Zanderfilets halbieren und in eine flache Schale legen. Den Zitronensaft mit etwas Pfeffer und 2 Eßlöffeln Marsala mischen und über die Fischscheiben gießen.

2. Die Zanderfilets etwa 30 Minuten im Kühlschrank ziehen lassen.

3. Die Fischfilets dann aus der Marinade nehmen, gut abtropfen und auf Küchenpapier trocknen lassen.

4. Das geriebene Grahambrot auf eine flache Platte geben.

5. 30 g Butter in eine kleine mikrowellengeeignete Schüssel geben und in 1 (1 1/4) Minute bei 600 (500) Watt offen schmelzen lassen.

6. Die Fischscheiben salzen und pfeffern, dann mit einem Pinsel mit der flüssigen Butter bestreichen. Die Fischscheiben von beiden Seiten gründlich in dem geriebenen Brot wälzen, so daß sie gleichmäßig damit überzogen sind.

7. Eine Bräunungsplatte 4 (4 1/2) Minuten bei 600 (500) Watt vorheizen.

8. 60 g Butter auf die Bräunungsplatte geben. Die Fischscheiben auf eine Hälfte der Platte geben und 1 1/4 (1 1/2) Minuten bei 600 (500) Watt braten.

9. 30 g Butter auf die unbenutzte Seite der Bräunungsplatte geben. Die Fischscheiben darauf wenden und noch einmal 1 1/4 (1 1/2) Minuten bei 600 (500) Watt braten.

10. Die Fischscheiben von der Platte nehmen und unbedeckt warm stellen.

11. Die restliche Butter auf die noch warme Bräunungsplatte geben. Die gehackte Knoblauchzehe und die gehackte Petersilie darauf geben und 1 (1 1/4) Minute bei 600 (500) Watt dünsten.

12. Den Weißwein mit dem restlichen Marsala in eine mikrowellengeeignete Schüssel geben und offen bei 600 (500) Watt 2 (2 1/2) Minuten kochen lassen. 2 Eßlöffel geriebenes Brot unterrühren und und alles 2 (2 1/2) Minuten bei 600 (500) Watt weitergaren. Dann die Petersilienmischung unterrühren.

13. Die panierten Fischfilets auf vorgewärmte Teller geben und etwas Sauce dazugießen. Die Fischfilets mit den Petersilienzweigen und Zitronenachteln garnieren.

Meine Tips: Als Beilage können Sie halbierte, kräftig gewürzte und kurz gedünstete Cherry-Tomaten 2 (2 1/2) Minuten bei 600 (500) Watt oder anderes Gemüse servieren.
Die Grahambrösel sollten Sie nicht zu fein reiben, am besten verwenden Sie dazu eine Käsereibe.

Saibling mit Champagnersauce

Etwas vom Besten aus der Mikrowelle

Für 2 Personen

1 Saibling von etwa 800 g
1 Teel. Olivenöl
Salz, frisch gemahlener weißer Pfeffer
2 Eßl. Zitronensaft
1 kleine Möhre/Karotte
1 dünne Stange Lauch
50 g Champignons
1 Eßl. Schalotten, fein gehackt
1 Eßl. Butterschmalz/Bratbutter
1 kleine Flasche Champagner oder Sekt (1/4 l)
1 Eßl. Sahne/Rahm oder Crème double
10 g Butter

Arbeitsaufwand:
etwa 30 Minuten
Garzeit:
19 1/2 (22) Minuten
Nährwert:
etwa 2100 kJ/
500 kcal je Person

Der Saibling gehört mit den Forellen zu einer Familie. Sein Aussehen ist von wechselnd blaugrüner oder brauner Farbe mit hellen Punkten. Zur Laichzeit sind Saiblinge sehr farbenfroh, Bauch und Seiten färben sich orangerot. Im Handel können Sie Saiblinge von 20–40 cm Länge kaufen. Von diesem Fisch gibt es viele verschiedene Abarten, die je nach Gewässer kleine Unterschiede aufweisen. Man fängt Saiblinge in den kälteren Seen Europas, die bis zu 2000 m über dem Meeresspiegel liegen können. Der Saibling wird aber auch in Bächen unter natürlichen Bedingungen gezüchtet. Er hat ein außergewöhnlich schmackhaftes, leicht rosafarbenes Fleisch von sehr feiner, aber fester Struktur.

Wie die meisten Süßwasserfische muß auch der Saibling schonend zubereitet werden. Die Mikrowelle ist also ideal, um dieses anspruchsvolle Fischgericht zuzubereiten. Auf die beschriebene Art können Sie auch Forellen und den delikaten Wolfsbarsch, einen Mittelmeerfisch, zubereiten.

Damit Fischgerichte immer optimal gelingen, sollten Sie schon beim Einkauf auf gute Qualität achten. Frischer Fisch hat einen leichten, angenehmen Geruch, die Haut soll glänzen und einen leicht metallischen Schimmer haben. Die Haut muß außerdem gespannt und farbintensiv sein und gut am Fleisch haften. Die Augen sollen klar aussehen und leicht hervorstehen. Die Kiemen dürfen weder trocken noch gräulich verfärbt sein.

Der Saibling ist ein leicht verderblicher Fisch und sollte deshalb so schnell wie möglich nach dem Einkauf zubereitet werden.

Doch nicht nur der Saibling, sondern auch die restlichen Zutaten für dieses Gericht sollten von bester Qualität sein. Hochwertiges Olivenöl, frisches Gemüse, Sahne, Butter und in diesem Fall Champagner oder Sekt. Besondere Gewürze und sogar Kräuter sind bei der Zubereitung überflüssig, denn das delikate Aroma des Fischfleisches soll voll zum Zug kommen. Damit der Fisch schön saftig bleibt, wird er immer zugedeckt in der Mikrowelle gegart.

Wenn die Form, die Sie zum Garen verwenden, zu klein sein sollte, daß der Fisch ganz hineinpaßt, müssen Sie den Kopf vor dem Garen abschneiden. Sie können auch 2 kleinere Fische nehmen, die Sie nebeneinander legen, doch ein größerer Fisch ist fleischiger und hat schönere Filets.

Bei dieser Zubereitungsart entsteht die Saucengrundlage beim Garen des Fisches. Mit dem Gemüse, dem Champagner und dem austretenden Fischsaft erhalten Sie einen ausgezeichneten Fond, der nur abgegossen und etwas eingekocht werden muß. Zum Schluß wird er nur noch mit etwas Sahne und Butter verfeinert. Auf ganz einfache Art entsteht also eine herrliche Sauce, die auch Kochneulingen auf Anhieb gelingen wird.

Die Sauce können Sie zur Abwechslung ganz leicht abwandeln: Zum Beispiel die Sauce zum Schluß mit 1 Eßlöffel trockenem weißem Wermut (Noilly Prat) abschmecken. Oder den Champagner beziehungsweise Sekt durch fruchtigen Weißwein ersetzen. Die Sauce läßt sich auch mit etwas gehacktem Estragon abrunden.

Als Beilage zu diesem Gericht empfehle ich Ihnen Salzkartoffeln oder Reis. Wichtig ist auch das Getränk. Natürlich paßt der Champagner oder Sekt, den Sie für die Saucenzubereitung verwendet haben. Oder Sie servieren einen erstklassigen, fruchtigen Weißwein dazu, wie zum Beispiel einen guten Riesling oder einen weißen Burgunder.

1. Den Saibling gegebenenfalls ausnehmen, kalt abwaschen und trocknen. Die Haut des Fisches mit einem scharfen Messer im Zickzackmuster einritzen. Das Fleisch soll dabei nicht verletzt werden.

2. Den Saibling auf einer Seite mit wenig Olivenöl bestreichen. Den Fisch dann außen und innen salzen und pfeffern und mit dem Zitronensaft beträufeln.

3. Die Möhre schälen und kleinhacken. Den Lauch putzen, waschen und klein würfeln. Die Champignons putzen und grob hacken.

4. Das Gemüse und die gehackten Schalotten mit dem Butterschmalz in eine mikrowellengeeignete Form mit Deckel geben und offen bei 600 (500) Watt 3 (3 1/2) Minuten andünsten. Den Fisch auf das Gemüse legen.

5. Den Saibling zugedeckt 4 (4 1/2) Minuten bei 600 (500) Watt garen. Dann wenden und mit dem restlichen Olivenöl bestreichen. Die Hälfte des Champagners angießen. Den Saibling zugedeckt bei 600 (500) Watt 4 (4 1/2) Minuten weitergaren.

6. Den Saibling aus der Form nehmen und zugedeckt warm stellen.

7. Das Gemüse durch ein Sieb gießen, den Sud dabei in einer kleinen mikrowellengeeigneten Form auffangen. Den Sud mit dem restlichen Champagner oder Sekt verrühren und offen bei 600 (500) Watt 6 (6 1/2) Minuten einkochen lassen.

8. Die Sahne oder die Crème double unter die eingekochte Flüssigkeit rühren. Die Sauce offen bei 600 (500) Watt 2 1/2 (3) Minuten weiterkochen, bis sie leicht sämig ist.

9. Die Butter in kleine Flöckchen schneiden und mit einem Schneebesen unter die eingekochte Sauce schlagen. Die Sauce mit Salz und Pfeffer pikant abschmecken.

10. Das Gemüse auf eine vorgewärmte Platte geben. Den Fisch darauf legen und mit einem Teil der Sauce begießen. Die restliche Sauce getrennt dazu servieren. Dazu schmecken Kartoffeln.

Steinbutt im Gemüsesud

Ein besonders leichtes Fischgericht

Für 2 Personen

2 Scheiben Steinbutt mit Haut und Gräten (etwa 500 g)
1/2 Stange Lauch
1 Möhre/Karotte
2 Schalotten
1 Knoblauchzehe
4 Korianderkörner
4 weiße Pfefferkörner
4 kleine Dillzweige
1 Lorbeerblatt
1 Zweig Petersilie
5 Eßl. Weißwein
Salz, frisch gemahlener Pfeffer
2 Champignons
1 Eßl. trockener weißer Wermut
1/2 Teel. Pernod

Arbeitsaufwand:
etwa 20 Minuten
Garzeit:
17 (19) Minuten
Nährwert:
etwa 1100 kJ/
260 kcal je Person

1. Den Steinbutt kalt abspülen und trockentupfen.

2. Den Lauch putzen, waschen und in 1/2 cm dicke Scheiben schneiden. Die Möhre schälen und in dünne Scheiben teilen. Die Schalotten grob würfeln. Die Knoblauchzehe schälen. Die Koriander- und die Pfefferkörner mit einem breiten Messer zerdrücken.

3. Das Gemüse samt Schalotten mit dem Knoblauch, 2 Zweiglein Dill, den Koriander- und den Pfefferkörnern, dem Lorbeerblatt, der Petersilie und dem Weißwein in ein mikrowellengeeignetes Gefäß mit Deckel geben.

4. Die Gemüsemischung zugedeckt bei 600 (500) Watt 10 (11 1/2) Minuten kochen. Den Sud dann durch ein Sieb passieren und mit wenig Salz und Pfeffer abschmecken.

5. Die Champignons putzen und in Scheiben schneiden, dann mit den Fischscheiben und dem Wermut unter den Gemüsesud mischen. Die Mischung zugedeckt bei 360 Watt 5 Minuten garen.

6. Die Fischscheiben herausnehmen und mit der schwarzen Hautseite nach oben in Suppenteller legen. Die Champignons rund um den Fisch anordnen.

7. Den Sud mit dem Pernod verfeinern und offen bei 600 (500) Watt 2 (2 1/2) Minuten einkochen.

8. Den Sud über den Fisch geben und diesen mit den restlichen Dillzweigen garnieren. Den Steinbutt sofort servieren.

Meine Tips: Der Fisch und vor allem der Sud wird aromatischer, wenn Sie das Gericht mit Haut und Gräten zubereiten. Sie können statt Steinbutt auch andere Filets mit festem Fleisch wie zum Beispiel von Seeteufel oder Kabeljau auf diese Art zubereiten. In diesem Fall empfehle ich Ihnen, sich vom Fischhändler Seezungengräten geben zu lassen und im Sud mitzugaren. Die Gräten sollten Sie vor der Zubereitung gründlich kalt abspülen.

Varianten: Frühlingshaft wird dieses Gericht, wenn Sie die angegebenen Gemüsesorten durch Spargelspitzen, grüne Erbsen oder Zuckerschoten und geschälte, in Würfel geschnittene Tomaten ersetzen.
Im Winter dagegen eignen sich Chinakohl, Möhren, Sellerie oder Schwarzwurzeln. Diese Gemüsesorten, den Chinakohl ausgenommen, sollten Sie in Scheiben schneiden und dann zu Rosetten ausstechen, das sieht sehr hübsch aus.
Sie können auch verschiedene Fischsorten verwenden, diese in Würfel schneiden und wie im Rezept beschrieben zubereiten.

Gefüllte Lachsscheiben mit Wermutsauce

Besonders raffiniert und delikat

Für 2 Personen

2 Lachsscheiben von je etwa 2 cm Dicke
2 Teel. Butter
1/8 l Fischfond
Für die Füllung:
40 g Lachs ohne Gräten
3 Eßl. Sahne/Rahm
Salz, frisch gemahlener Pfeffer
1 Eßl. gehackte Kräuter (zum Beispiel Estragon, Kerbel und Schnittlauch)
Für die Sauce:
1 Eßl. Schalotten, fein gehackt
1 Teel. Butter
100 ccm (0,1 l) Pochierfond von den Lachsscheiben
100 g Sahne/Rahm
2 Eßl. trockener Wermut
Salz, Pfeffer
1 Eßl. Schnittlauchröhrchen
Außerdem: Pergamentpapier, Küchengarn

Kühlzeit:
etwa 30 Minuten
Arbeitsaufwand:
etwa 40 Minuten
Garzeit:
13 (15 1/2) Minuten
Nährwert:
etwa 3100 kJ/ 740 kcal je Person

1. Das Lachsfleisch für die Füllung mindestens 30 Minuten in den Kühlschrank stellen. Die Sahne im Gefrierfach ebenfalls mindestens 30 Minuten anfrieren lassen.

2. Das Lachsfleisch für die Füllung in kleine Würfel schneiden und mit Salz und Pfeffer würzen. Dann im Blitzhacker zerkleinern. Die angefrorene Sahne nach und nach untermengen.

3. Die Fischmasse durch ein feines Sieb streichen, mit den Kräutern vermengen und wieder kühl stellen, bis sie gebraucht wird.

4. Die Lachsscheiben von der Mittel- und den Bauchgräten befreien.

5. Zwei mikrowellengeeignete kleine Platten, die nebeneinander in das Gerät passen sollen, mit Butter ausstreichen. Die Lachsscheiben darauf legen und in die Bauchöffnung jeweils die Hälfte der Lachs-Kräuter-Füllung geben. Die Füllung glattstreichen.

6. Zwei Streifen Pergamentpapier von jeweils 1 cm Breite mit Butter bestreichen. Die Lachsscheiben damit umlegen und mit Küchengarn festbinden, damit sie beim Garen die Form behalten. Den Fischfond neben die Lachsscheiben gießen. Anschließend die Lachsscheiben mit ebenfalls gebuttertem Pergamentpapier abdecken.

7. Die Lachsscheiben zudecken und 2 1/2 (3) Minuten bei 600 (500) Watt garen. Die Lachsscheiben dann wenden und erneut 2 1/2 (3) Minuten bei 600 (500) Watt garen. Die Lachsscheiben dann aus dem Gerät nehmen und etwa 10 Minuten zugedeckt ziehen lassen.

8. Den Pochierfond der Lachsscheiben abgießen, die Fischscheiben zugedeckt warm halten.

9. Für die Sauce die Schalotten mit der Butter in eine mikrowellengeeignete Form geben und offen 2 (2 1/2) Minuten bei 600 (500) Watt dünsten.

10. Den Pochierfond hinzufügen und bei 600 (500 Watt) in 4 (4 1/2) Minuten offen einkochen lassen. Die Sahne unterrühren und die Sauce offen bei 600 (500) Watt weitere 2 (2 1/2) Minuten einkochen lassen.

11. Die Sauce mit dem Wermut, Salz und Pfeffer abschmecken. Den Schnittlauch untermischen.

12. Die Lachsscheiben vom Küchengarn und dem Pergamentpapier befreien. Das Fischeiweiß, das beim Garen ausgetreten ist, vorsichtig mit einem Spatel von der Oberfläche der Fischscheiben abstreifen.

13. Die Fischscheiben auf vorgewärmte Teller geben und mit der Sauce umgießen.

14. Dazu schmecken Salzkartoffeln oder neue gebratene Kartoffeln. Nach Wunsch können Sie die Teller mit je 1 Estragon- oder Kerbelsträußchen garnieren.

Meerbarbenfilets mit Gemüse und Pernodsauce

Der Duft der köstlichen Sauce erinnert an Frankreich

Für 2 Personen

je 50 g Lauch, Knollensellerie, Möhre/Karotte und Fenchel
1/2 Eßl. Butter
6 Eßl. Fleischbrühe
6 Eßl. Sahne/Rahm
Salz, frisch gemahlener Pfeffer
1 Knoblauchzehe
1 Teel. Pernod
4 Meerbarbenfilets (etwa 300 g) mit Haut
1/2 Eßl. Olivenöl
Zum Garnieren: Fenchelkraut

Arbeitsaufwand: etwa 30 Minuten
Garzeit: 15–16 (17 1/4–18 1/4) Minuten
Nährwert: etwa 1700 kJ/ 400 kcal je Person

1. Das Gemüse putzen oder schälen, waschen und in sehr feine Streifen (Julienne) schneiden.

2. Die Gemüsestreifen mit der Butter in eine mikrowellengeeignete Form mit Deckel geben und offen bei 600 (500) Watt 2 (2 1/2) Minuten andünsten.

3. Die Fleischbrühe zum Gemüse gießen und alles zugedeckt weitere 3 (3 1/2) Minuten bei 600 (500) Watt garen.

4. Das Gemüse durch ein Sieb gießen. Die Fleischbrühe dabei auffangen. 6 Eßlöffel von der Brühe abmessen und in eine kleine mikrowellengeeignete Form geben.

5. Die Fleischbrühe bei 600 (500) Watt offen 5 (5 1/2) Minuten einkochen lassen. Die Sahne unterrühren und die Sauce noch einmal 2 (2 1/2) Minuten bei 600 (500) Watt offen einkochen lassen.

6. Die Sauce mit Salz, Pfeffer, dem durchgepreßten Knoblauch und dem Pernod abschmecken.

7. Die Meerbarbenfilets mit Salz und Pfeffer würzen und mit dem Olivenöl bestreichen.

8. Den Grill des Kombinationsgerätes oder des Backofens vorheizen.

9. Die Meerbarbenfilets mit der Hautseite nach oben in die Fettpfanne legen und in die obere Schiene geben. Die Filets ohne Zuschaltung von Mikrowellen 2–3 Minuten grillen.

10. Die Gemüsestreifen noch einmal zugedeckt 1 (1 1/4) Minute bei 600 (500) Watt erwärmen.

11. Die Gemüsestreifen auf vorgewärmte Teller geben. Je 2 Fischfilets darauf legen, mit der Sauce umgießen und mit Fenchelkraut garnieren.

Mein Tip: Wenn Sie keinen Grill haben, können Sie die Fischfilets mit der Hautseite nach unten 2–3 (2 1/2–3 1/2) Minuten bei 600 (500) Watt offen auf einer Bräunungsplatte – 4 (4 1/2) Minuten bei 600 (500) Watt vorheizen – braten.

Varianten: Dieses Gericht schmeckt mit echten Meerbarben (auch Rotbarben, Rouget barbet, genannt) besonders gut. Meerbarben haben ein feines, mageres Fleisch mit einem ganz spezifischen Aroma.
Wenn Sie keine Meerbarben bekommen, können Sie statt dessen auch einmal roten Knurrhahn oder andere Fischfilets verwenden. Die Filets sollten jedoch in jedem Fall eine Haut haben, damit sie beim Grillen gut zusammenhalten.
Die Gemüsesorten können Sie je nach Jahreszeit wählen. Sehr gut schmeckt das Gericht auch, wenn Sie nur Fenchel verwenden.

Lachsfilets mit Estragon-Senf-Sauce

Ganz einfach zuzubereiten

Für 2 Personen

2 Lachsfilets von je etwa 150 g
Salz, frisch gemahlener Pfeffer
1 Teel. Zitronensaft
1 Teel. Butter
1 Eßl. saure Sahne/ saurer Rahm
1/4 Teel. Dijon-Senf
1/2 Teel. grobkörniger Senf (zum Beispiel Pommery)
1 Teel. Estragon, frisch gehackt
1 Prise Zucker
2 Eßl. Weißwein
1 Eßl. Wasser
2 Teel. Schalotten, fein gehackt
3 Eßl. Sahne/Rahm
2 Zweiglein Estragon

Arbeitsaufwand:
etwa 10 Minuten
Garzeit:
7 1/2 (8 1/2) Minuten
Nährwert:
etwa 1700 kJ/
400 kcal je Person

1. Die Lachsfilets kalt abspülen und trockentupfen. Die Fischfilets dann mit Salz und Pfeffer würzen und mit dem Zitronensaft beträufeln.

2. Die Fischfilets in eine flache mikrowellengeeignete Schale mit Deckel geben. Die Butter in kleinen Stücken über dem Fisch verteilen.

3. Die saure Sahne mit den beiden Senfsorten, dem Estragon und dem Zucker gründlich verrühren.

4. Den Weißwein mit dem Wasser und den gehackten Schalotten in eine kleine mikrowellengeeignete Schale geben und offen bei 600 (500) Watt in 1 (1 1/4) Minute aufkochen.

5. Den Sud durch ein Sieb über den Fisch gießen.

6. Die Lachsfilets zugedeckt bei 490 (500) Watt 2 Minuten garen.

7. Von dem Fischsud 3 Eßlöffel abnehmen und in ein kleines mikrowellengeeignetes Gefäß geben. Den Sud bei 600 (500) Watt offen in 2 (2 1/2) Minuten einkochen lassen.

8. Die Sahne untermischen und die Sauce bei 600 (500) Watt offen in 1 1/2 (1 3/4) Minuten nochmals einkochen lassen.

9. Die Lachsfilets abtropfen lassen. Das Gargefäß ausspülen und abtrocknen.

10. Den Fisch wieder in das Gefäß geben. Den eingekochten Sud mit der Senfmischung verrühren und über den Lachsfilets verteilen.

11. Den Fisch zugedeckt bei 490 (500) Watt in 1 Minute noch einmal erhitzen.

12. Die Lachsfilets mit der Sauce auf vorgewärmten Tellern verteilen und mit den Estragonzweiglein garniert sofort servieren.

Mein Tip: Der Senf wird erst zuletzt zum Fisch gegeben, damit er mild bleibt und sich kein Essiggeschmack entwickelt. Durch die Zugabe von saurer Sahne kann er sein Aroma besonders gut entfalten. Zu Fisch sollte eine Senfsauce nie zu scharf sein.

Varianten: Statt Lachs können Sie für dieses Gericht auch andere festfleischige Fischsorten verwenden wie zum Beispiel Zander- oder Seeteufelfilets.

Seezungenfilets mit Wermutsauce

Köstlicher Fisch – auf den Punkt gegart

Für 2 Personen

1 Seezunge von etwa 600 g
2 Eßl. Butter
Salz, frisch gemahlener weißer Pfeffer
1 Teel. Zitronensaft
Für die Sauce:
die Gräten der Seezunge
1 Eßl. Schalotten, fein gehackt
3 Eßl. Weißwein
6 Eßl. Wasser
3 weiße Pfefferkörner
2 Champignons (nach Belieben)
3 Eßl. trockener weißer Wermut (zum Beispiel Noilly Prat)
6 Eßl. Sahne/Rahm
Salz, frisch gemahlener weißer Pfeffer
Zum Garnieren:
einige kleine Tomaten oder Cherry-Tomaten (eventuell gehäutet) und Estragonzweiglein

Arbeitsaufwand: etwa 15 Minuten
Garzeit: 18 1/2 (21 1/2) Minuten
Nährwert: etwa 2000 kJ/ 480 kcal je Person

1. Die Seezunge schon vom Fischhändler filetieren lassen. Die Gräten für die Sauce mitnehmen.

2. Zuerst für den Fischfond die Gräten kalt abspülen und in kleine Stücke schneiden.

3. Die Fischgräten mit den gehackten Schalotten, dem Weißwein und dem Wasser in eine mikrowellengeeignete Form mit Deckel geben.

4. Die Pfefferkörner mit einem sauberen Pfannenboden zerdrücken. Die Champignons putzen und in Scheiben schneiden. Beides zu den Fischgräten geben.

5. Den Fischfond 5 (5 1/2) Minuten zugedeckt bei 600 (500) Watt garen.

6. Den Fischfond durch ein Sieb passieren. Die Flüssigkeit wieder in die Form geben und 2 1/2 (3) Minuten bei 600 (500) Watt offen einkochen lassen. Es sollen etwa 6 Eßlöffel Flüssigkeit übrig bleiben. Den Fischfond bis zur Zubereitung der Sauce beiseite stellen.

7. Eine Bräunungsplatte 4 (4 1/2) Minuten bei 600 (500) Watt vorheizen. Die Butter auf der heißen Platte zerlaufen und hellbgelb werden lassen.

8. Die Seezungenfilets von beiden Seiten mit Salz und Pfeffer würzen und mit dem Zitronensaft beträufeln.

9. Die Seezungenfilets auf eine Hälfte der Platte legen und 1/2 (3/4) Minute bei 600 (500) Watt braten. Die Filets auf die unbenutzte Seite der Bräunungsplatte wenden und noch einmal 1/2 (3/4) Minute bei 600 (500) Watt braten Die Filets zugedeckt warm stellen.

10. Den Fischfond mit dem Wermut verrühren und offen bei 600 (500) Watt 4 (4 1/2) Minuten einkochen lassen.

11. Die Sahne unterrühren und die Sauce weitere 2 (2 1/2) Minuten bei 600 (500) Watt offen einkochen lassen. Die Sauce mit Salz und Pfeffer abschmecken.

12. Zum Servieren die Sauce auf vorgewärmte Teller geben. Die Fischfilets darauf anrichten und mit je 1 Tomate garnieren.

Meine Tips: Die Tomaten können Sie zum Garnieren auch zu Röschen formen. Dazu die Tomaten mit einem Kartoffelschälmesser spiralförmig rundherum abschneiden und anschließend wieder zu einem Röschen zusammenrollen.
Zu diesem Gericht paßt sehr gut Kartoffelschnee. Dafür Kartoffelpüree zubereiten und mit etwas steifgeschlagener Sahne mischen. Die Masse möglichst in einen Spritzbeutel füllen und dekorativ auf dem Teller anrichten.

Varianten: Den Wermut können Sie durch Sherry oder Portwein ersetzen. In diesem Fall die Sauce kräftig mit Pfeffer oder Cayennepfeffer abschmecken. Nach Belieben können Sie das fertige Gericht mit etwas gehacktem Kerbel oder Estragon oder mit Kräuterzweiglein garnieren.

Lachsforellenfilets mit Grapefruitsauce

Bekommt durch die herbe Sauce die besondere Note

Für 2 Personen

1 Teel. Butter
1 Stange Lauch
Saft von 1 gelben Grapefruit
300 g Lachsforellenfilets ohne Gräten (Mittelstück)
Salz, frisch gemahlener Pfeffer
1 Eßl. Weißwein
6 Eßl. Sahne/Rahm
Zum Garnieren:
2 Pfefferminzblättchen oder Dillzweiglein

Arbeitsaufwand:
etwa 20 Minuten
Garzeit:
10 (12) Minuten
Nährwert:
etwa 1600 kJ/ 380 kcal je Person

1. Eine mikrowellengeeignete Form mit Deckel mit der Butter ausstreichen.

2. Den Lauch putzen, waschen und vom grünen Teil befreien. Den weißen Teil des Lauchs in feine Ringe schneiden und in die vorbereitete Form geben. Mit etwas Grapefruitsaft beträufeln.

3. Das Lachsforellenstück mit Salz und Pfeffer würzen. Den Fisch quer halbieren und auf den Lauch legen.

4. Den Fisch zugedeckt bei 600 (500) Watt 2 (2 1/2) Minuten garen. Den Fisch aus dem Gerät nehmen und 1–2 Minuten stehenlassen.

5. Die Garflüssigkeit des Fisches durch ein Sieb in eine andere mikrowellengeeignete Form gießen.

6. Den restlichen Grapefruitsaft hinzufügen. Die Flüssigkeit offen bei 600 (500) Watt 3 (3 1/2) Minuten einkochen lassen.

7. Den Weißwein unter die Sauce rühren und alles weitere 2 (2 1/2) Minuten bei 600 (500) Watt offen einkochen lassen. Dabei nach der Hälfte der Zeit gut durchrühren.

8. Die Sahne unter die Sauce mischen und diese noch einmal 2 (2 1/2) Minuten bei 600 (500) Watt offen einkochen lassen. Die Sauce soll leicht sämig sein.

9. Die Lachsforellenstücke in die Sauce legen und zugedeckt bei 490 (500) Watt 1 Minute erwärmen.

10. Die Lachsforellenstücke mit der Sauce auf vorgewärmten Tellern anrichten und mit den Pfefferminzblättchen garnieren.

Meine Tips: Wenn die Sauce nicht schön sämig wird, müssen Sie sie mit etwas Speisestärke binden. Dazu etwas Stärke mit wenig Wasser anrühren und unter die Sauce mengen. Die Sauce noch einmal kurz aufkochen lassen.
Zu diesem Gericht paßt am besten Pistazienreis. Dafür Reis auf der Kochstelle in Salzwasser körnig garen. 2 Eßlöffel Pistazienkerne grob hacken. Die Pistazien mit 30 g Butter in eine mikrowellengeeignete Schale geben und offen 2 (2 1/2) Minuten bei 600 (500) Watt erhitzen. Die Pistazien unter den Reis mischen und diesen eventuell noch etwas nachsalzen.

Variante: Die Sauce können Sie leicht abwandeln. Den Lauch statt mit Grapefruitsaft mit 2 Eßlöffeln Orangensaft und 1 Eßlöffel Zitronensaft begießen. Für die Sauce 6 Eßlöffel Orangensaft, 1/2 Teelöffel abgeriebene unbehandelte Orangenschale und den Garsud des Fisches mit 1 Eßlöffel Sherry 5 (5 1/2) Minuten bei 600 (500) Watt offen einkochen lassen. Die Sauce mit Salz, 1 Eßlöffel Orangenlikör und etwas Cayennepfeffer abschmecken. Zu dieser Sauce paßt ein Fisch mit weißem Fleisch besser. Sie können Seezunge, Seeteufel oder Petersfisch verwenden. Die Garzeit dann je nach Fischsorte etwas verkürzen (Seezunge) oder verlängern (Seeteufel).

FLEISCH UND GEFLÜGEL

Knusprige Braten, schonend gegartes Fleisch mit cremigen Saucen oder saftig Gegrilltes – all dies vereint sich in diesem Kapitel zu einem vielseitigen, kulinarischen Angebot. Versuchen Sie Schweinehals mit Madeirasauce, Kalbsröllchen mit Zucchini-Dillsauce, Entenbrust mit Honig-Koriandersauce und vieles mehr.

Schweinehals mit Madeirasauce

Ein saftiger Braten mit italienischer Note

Für 6 Personen

Für die Marinade:
1 Knoblauchzehe
3 Eßl. Olivenöl
1 Eßl. getrocknete Kräuter der Provence oder 2 Eßl. frisch gehackte Kräuter
frisch gemahlener Pfeffer, Paprika, geriebene Muskatnuß
Für den Braten und die Sauce:
1,2 kg magerer Schweinehals
1 große, reife Tomate
1 Zweig Salbei
2 Eßl. Weißwein
6 Eßl. Madeira
1 Eßl. Weinbrand oder Cognac
250 g Sahne/Rahm
1 Teel. Speisestärke
Salz
1 Knoblauchzehe
1 Teel. Zitronensaft

Arbeitsaufwand: etwa 15 Minuten
Marinierzeit: über Nacht
Garzeit: 44 (45) Minuten
Nährwert: etwa 2600 kJ/ 620 kcal je Person

1. Für die Marinade die Knoblauchzehe durch die Presse drücken und gründlich mit den restlichen Zutaten verrühren.

2. Das Fleisch rundherum mit der Marinade einreiben und zugedeckt über Nacht im Kühlschrank ruhen lassen.
1 Stunde vor der Zubereitung das Fleisch Zimmertemperatur annehmen lassen.

3. Das Fleisch auf dem Rost über die Fettpfanne in die mittlere Schiene des Gerätes geben. Das Fleisch bei Ober- und Unterhitze 250° oder Umluft 230° und Mikrowellenleistung 360 Watt offen 21 Minuten braten.

4. Die Tomate halbieren und mit der Schnittfläche nach unten in die Fettpfanne legen. Den Salbeizweig und den Weißwein hinzufügen. Das Fleisch wenden und bei gleicher Einstellung weitere 19 Minuten garen.

5. Das Fleisch in Alufolie wickeln und 10 Minuten ruhen lassen.

6. Die Sauce durch ein Sieb passieren. Die Tomate mit einer Gabel gut ausdrücken. Die Sauce mit dem Madeira und dem Weinbrand oder Cognac in ein feuerfestes mikrowellengeeignetes Gefäß geben und bei 600 (500) Watt offen 2 (2 1/2) Minuten einkochen lassen.

7. Die Sahne mit der Speisestärke verrühren und untermischen. Die Sauce nochmals bei 600 (500) Watt offen 2 (2 1/2) Minuten einkochen.

8. Die Sauce mit dem Schneebesen gut durchrühren, dann mit Salz, dem durchgepreßten Knoblauch und dem Zitronensaft abschmecken.

9. Das Fleisch tranchieren. Den Fleischsaft unter die Sauce mischen.

Meine Tips: Sollte die Sauce zu säuerlich sein, können Sie 1 Prise Zucker untermischen.
Wenn Sie kein Kombinationsgerät haben, braten Sie das Fleisch in einer Pfanne auf dem Herd von allen Seiten an. Dann wie beschrieben bei 360 Watt garen. Die Garzeit verlängert sich um etwa 4 Minuten.
Kräuter der Provence können Sie getrocknet kaufen. Besser ist es jedoch, wenn Sie die Mischung selbst zusammenstellen. Sie besteht aus Basilikum, Rosmarin, Bohnenkraut, Majoran, Thymian, Lorbeer, 1 Stück unbehandelter Orangenschale und 3–4 Fenchelsamen.
Die angegebene Garzeit gilt als Richtlinie. Sie kann je nach Fleischqualität und Gerät etwas variieren. Den Gargrad am besten vor dem Anschneiden mit einem Fleischthermometer prüfen. Oder Sie stechen das Fleisch ein. Der austretende Saft darf nicht mehr rosafarben sein, denn Schweinefleisch sollte immer durchgegart werden. Wenn nötig, das Fleisch 5–10 Minuten weiter garen.

Varianten: Statt mit Madeirasauce können Sie den Braten auch mit Weißweinsauce zubereiten. Dazu den Cognac und den Madeira durch trockenen Weißwein ersetzen. 1 Eßlöffel grobkörnigen Senf untermischen und die Sauce mit 1 Teelöffel Zucker und frisch gehacktem Estragon abschmecken.
Oder Sie bestreichen den gegarten Braten mit scharfem Senf. Dann 1 Eßlöffel Kräuter der Provence mit 2 durchgepreßten Knoblauchzehen, 2 Eßlöffeln Olivenöl und 2 Eßlöffeln frisch geriebenem Weißbrot (vom Vortag) mischen und auf dem Braten verteilen. Den Braten etwa 5 Minuten bei starker Stufe unter den Grill schieben.

Hackbraten nach Grossmutters Art

Schmeckt durch Kräuter besonders aromatisch

Für 4 Personen

Für den Braten:
1 Schweinenetz (etwa 150 g)
1 Brötchen (100 g)
1 mittelgroße Möhre/Karotte
1 große Zwiebel
3 Eßl. gehackte Kräuter (Basilikum, Majoran, Thymian und Kerbel)
3 Eßl. Butter
600 g gemischtes Hackfleisch
1 Knoblauchzehe
1 Eßl. Senf
1 Eigelb
Salz, Pfeffer, gemahlener Koriander, geriebene Muskatnuß
1 Eßl. Butterschmalz/Bratbutter
Für die Sauce:
1 Möhre/Karotte
1 Zwiebel, mit 1 Lorbeerblatt und 1 Nelke gespickt
6 Eßl. Fleischbrühe oder Kalbsfond
6 Eßl. Weißwein

Arbeitsaufwand:
etwa 30 Minuten
Garzeit:
36 (37) Minuten
Nährwert:
etwa 2500 kJ/600 kcal je Person

1. Das Schweinenetz in kaltes Wasser legen und ruhen lassen, bis es gebraucht wird.

2. Das Brot zerkleinern, in eine Schüssel legen und mit heißem Wasser bedecken. Das Brot 10 Minuten einweichen, dann gut auspressen und im Mixer zerkleinern. Die Möhre schälen und fein raspeln. Die Zwiebel hacken.

3. Die Zwiebel, die Kräuter und die in Flöckchen geschnittene Butter in eine kleine mikrowellengeeignete Schüssel geben und bei 600 (500) Watt 3 (3 1/2) Minuten offen dünsten. Die Mischung abkühlen lassen.

4. Das Hackfleisch mit dem pürierten Brot, der Möhre, dem durchgepreßten Knoblauch, dem Senf und dem Eigelb gründlich mischen. Die Zwiebel-Kräutermischung untermengen. Den Fleischteig mit Salz, Pfeffer, Koriander und Muskat abschmecken.

5. Das Schweinenetz abtropfen lassen, vorsichtig auf einem Küchentuch ausbreiten und trockentupfen. Das Netz dann auf ein Stück Folie oder auf die Arbeitsfläche legen. Den Fleischteig zu einem gleichmäßig dicken Laib formen, auf das Schweinenetz legen und einpacken.

6. Eine ausreichend große feuerfeste, mikrowellengeeignete Form mit Butterschmalz ausstreichen.

7. Den Hackbraten mit der »Nahtstelle« nach unten in die Form legen, mit dem restlichen Butterschmalz bestreichen, in die mittlere Schiene des Gerätes geben.

8. Das Gerät auf Ober- und Unterhitze 250° oder Umluft 230° und Mikrowellenleistung 360 Watt schalten und den Braten offen 15 Minuten garen.

9. Den Braten dann wenden. Die geschälte Möhre und die gespickte Zwiebel in die Form legen. Den Braten bei gleicher Einstellung weitere 15 Minuten garen.

10. Den Braten in Alufolie wickeln und etwa 10 Minuten ruhen lassen.

11. Den Bratfond mit der Fleischbrühe und dem Weißwein ablösen und offen bei 600 (500) Watt etwa 3 (3 1/2) Minuten einkochen lassen.

12. Dazu schmecken Salat und überbakkener Kartoffelschnee.

Meine Tips: Das Fleisch sollte nicht allzu fein gehackt sein, sonst wird der Hackbraten zu fest.
Wenn Sie kein Kombinationsgerät haben, können Sie den Braten in einer vorgeheizten Bräunungsschale oder auf dem Herd in der Pfanne anbraten. Dann den Braten mit etwas Paprikapulver bestäuben, damit er eine appetitliche Farbe bekommt, und wie beschrieben bei 360 Watt garen.

Schweinefilet mit Sherrysauce

Bleibt durch die kurze Garzeit besonders saftig

Für 2 Personen

2 Eßl. Olivenöl
1 Schweinefilet von etwa 300 g
Salz, frisch gemahlener Pfeffer
1 Teel. scharfer Senf (Dijon)
2 kleine Schalotten
3 Wacholderbeeren
5 Eßl. Fleischbrühe
1/8 l trockener Sherry
1 kleines Stück unbehandelte Orangenschale
1 Eßl. Orangensaft
1/2 Teel. Honig
20 g kalte Butter

Arbeitsaufwand:
etwa 15 Minuten
Garzeit:
16 (19) Minuten
Nährwert:
etwa 2400 kJ/
570 kcal je Person

1. Eine Bräunungsplatte bei 600 (500) Watt 4 (4 1/2) Minuten vorheizen. Das Olivenöl auf die Platte geben und gleichmäßig verfließen lassen.

2. Das Schweinefilet mit Salz und Pfeffer einreiben und auf eine Hälfte der Bräunungsplatte legen. Das Filet 3 (3 1/2) Minuten bei 600 (500) Watt braten.

3. Das Filet dann auf die unbenutzte Seite der Platte wenden. Das Filet mit dem Senf bestreichen und weitere 2 (2 1/2) Minuten bei 600 (500) Watt braten.

4. Das Fleisch von der Bräunungsplatte nehmen, in Alufolie wickeln und etwa 10 Minuten ruhen lassen.

5. Inzwischen die Schalotten hacken und auf die noch warme Bräunungsplatte geben. Die Wacholderbeeren zerdrükken und mit der Fleischbrühe, 6 Eßlöffeln Sherry und der Orangenschale zu den Schalotten geben. Alles 3 (3 1/2) Minuten bei 600 (500) Watt offen garen.

6. Den restlichen Sherry mit dem Orangensaft verrühren und unter die Sauce mischen.

7. Die Sauce noch einmal 2 (2 1/2) Minuten bei 600 (500) Watt offen aufkochen, dann passieren.

8. Die Sauce aus dem Gerät nehmen. Den Fleischsaft, der sich in der Folie gesammelt hat und den Honig unter die Sauce rühren. Die Sauce noch einmal bei 600 (500) Watt 2 (2 1/2) Minuten offen kochen.

9. Die Sauce dann mit wenig Salz und reichlich Pfeffer abschmecken. Die Butter in kleine Flocken schneiden und unter die Sauce schlagen.

10. Das Schweinefilet in etwa 1 1/2 cm dicke Scheiben schneiden, auf Tellern anrichten und mit der Sauce umgießen.

11. Zu dem Schweinefilet schmeckt am besten körnig gegarter Reis, Kartoffelgratin oder Petersilienkartoffeln.

Meine Tips: Das Schweinefilet lassen Sie am besten schon vom Metzger vorbereiten (parieren). Wenn Sie das vergessen haben, schneiden Sie zu Hause Fett und Sehnen weg.
Wenn es noch schneller gehen soll, können Sie das Schweinefilet in 1 1/2 cm dicke Scheiben schneiden. Eine Bräunungsschale bei 600 (500) Watt 4 (4 1/2) Minuten vorheizen. Die Filetscheiben auf die eine Hälfte der Bräunungsschale legen und bei 600 (500) Watt 1 1/2 (1 3/4) Minuten anbraten. Die Scheiben auf die unbenutzte Seite der Bräunungsschale wenden und noch einmal 1 (1 1/4) Minute bei 600 (500) Watt braten. Die Scheiben mit Folie abdecken und 5 Minuten stehenlassen. Inzwischen die Sauce wie beschrieben zubereiten.

Variante: Den Sherry können Sie durch Portwein ersetzen. In diesem Fall den Honig weglassen.

Kalbsfilet und Kalbsbries mit Portweinsauce

Für ein festliches Menü zu zweit

Für 2 Personen

200 g Kalbsbries/Milke (vom mittleren Teil)
6 Eßl. Fleischbrühe
1 kleine Zwiebel, fein gehackt
je 1/2 Eßl. Lauch, Knollensellerie und Möhre/Karotte, fein gehackt
1 Eßl. Butter
1 Teel. Thymianblättchen
2 Eßl. Kalbsfond (ersatzweise 1/2 Teel. Fleischextrakt und 1 1/2 Eßl. Wasser)
1/8 l Portwein
6 Eßl. Sahne/Rahm
Salz, frisch gemahlener Pfeffer
1 Prise Cayennepfeffer
1 Eßl. Butterschmalz/Bratbutter
2 Scheiben Kalbsfilet von je etwa 120 g
2 kleine Thymianzweige

Ruhezeit: 2–3 Stunden
Arbeitsaufwand: etwa 20 Minuten
Garzeit: 19 (22 3/4) Minuten
Nährwert: etwa 2500 kJ/ 600 kcal je Person

1. Das Kalbsbries in eine Schüssel mit kaltem Wasser legen und 2–3 Stunden ruhen lassen.

2. Das Kalbsbries dann abtropfen lassen und in eine kleine mikrowellengeeignete Form mit Deckel geben. Das Kalbsbries mit der Fleischbrühe begießen und zugedeckt bei 600 (500) Watt 2 (2 1/2) Minuten vorgaren. Das Kalbsbries dann in der Garflüssigkeit erkalten lassen.

3. Die gehackte Zwiebel mit dem gehackten Gemüse und der Butter in eine andere mikrowellengeeignete Schale geben und offen bei 600 (500) Watt 1 (1 1/4) Minute andünsten.

4. Die Thymianblättchen, den Kalbsfond oder den Fleischextrakt und das Wasser sowie den Portwein zum Gemüse geben und alles offen bei 600 (500) Watt 2 (2 1/2) Minuten einkochen lassen.

5. Die Sahne unterrühren und die Sauce noch einmal 1 (1 1/4) Minute bei 600 (500) Watt offen einkochen lassen. Die Sauce mit Salz, Pfeffer und dem Cayennepfeffer abschmecken, dann passieren.

6. Eine große Bräunungsplatte 4 (4 1/2) Minuten bei 600 (500) Watt vorheizen.

7. Das Butterschmalz auf der Bräunungsplatte schmelzen lassen. Die Kalbsfiletscheiben salzen, pfeffern und auf eine Seite der Bräunungsplatte legen. Das Fleisch bei 600 (500) Watt 3 (3 1/2) Minuten braten. Dann auf die unbenutzte Seite der Bräunungsplatte wenden und weitere 3 (3 1/2) Minuten bei 600 (500) Watt garen.

8. Das Kalbsbries von allen Häutchen und Unreinheiten befreien. Dann, je nach Größe, in 2 oder 4 Scheiben schneiden.

9. Die gebratenen Kalbsfiletscheiben von der Bräunungsplatte nehmen und zugedeckt warm stellen.

10. Die Kalbsbriesscheiben auf die noch warme Bräunungsplatte legen und 1 (1 1/4) Minute bei 600 (500) Watt braten. Die Scheiben dann wenden und 1 (1 1/4) weitere Minute bei 600 (500) Watt braten.

11. Die Kalbsfiletscheiben quer halbieren. Eine Hälfte mit Kalbsbries belegen und mit der anderen Filetscheibe bedecken. Sie können die Briesscheiben aber auch getrennt neben das Filet legen. Die Teller mit je 1 Thymianzweig garnieren.

12. Die Portweinsauce bei 600 (500) Watt noch einmal offen 1 (1 1/4) Minute erhitzen. Das Fleisch damit umgießen und sofort servieren. Dazu schmeckt Gemüse.

Meine Tips: Kalbsfond können Sie in Feinkostgeschäften kaufen.
Statt Kalbsfilet eignen sich für dieses Gericht auch Kalbssteaks vom Karreestück.
Am besten kaufen Sie ein ganzes Kalbsbries (es wiegt etwa 600 g), schneiden 2 schöne Scheiben heraus und verwenden das restliche Bries für ein anderes Gericht, zum Beispiel für Kalbsbries mit grüner Sauce, Rezept Seite 22.

Kalbshaxe mit Apfelwein und Ingwer

Für Kombinationsgeräte

Für 3 Personen

2 feste Äpfel
1 Eßl. Zitronensaft
2 Stangen Lauch
1 ganze Kalbshaxe (etwa 1,8 kg)
Salz, frisch gemahlener Pfeffer, geriebene Muskatnuß
1 Eßl. Butterschmalz/Bratbutter
gut 1/4 l Apfelwein
1 Eßl. Ingwer, frisch gerieben
20 g Butter
1 Teel. Zucker
6 Eßl. Kalbsfond oder konzentrierte Fleischbrühe
1 Eßl. Speisestärke
1 Eßl. Calvados oder anderer Apfelbranntwein
4 Eßl. Sahne/Rahm
Zum Garnieren: etwas Majoran

Arbeitsaufwand: etwa 35 Minuten
Garzeit: 71 1/2 (73 1/4) Minuten
Nährwert: etwa 2500 kJ/600 kcal je Person

1. Die Äpfel schälen, von den Kerngehäusen befreien und jeweils in 6 Schnitze schneiden. Die Äpfel mit dem Zitronensaft beträufeln. Den Lauch putzen, waschen und in etwa 2 cm lange Stücke schneiden.

2. Den Lauch in eine große mikrowellengeeignete, feuerfeste Form geben. Die Kalbshaxe mit Salz, Pfeffer und Muskat einreiben.

3. Die Hälfte des Butterschmalzes in ein kleines mikrowellengeeignetes Förmchen geben und bei 600 (500) Watt in 1/2 (3/4) Minute offen schmelzen lassen.

4. Die Kalbshaxe mit dem flüssigen Butterschmalz bestreichen und auf den Lauch legen. 1/4 l Apfelwein angießen.

5. Die Kalbshaxe auf dem Rost in die mittlere Schiene des Gerätes geben und bei Ober- und Unterhitze 250° oder Umluft 230° und 360 Watt 30 Minuten offen braten.

6. Die Kalbshaxe aus dem Gerät nehmen. Den Lauch wenden und die Hälfte des Ingwers unterrühren. Das Fleisch drehen und mit Bratensaft begießen. Die Kalbshaxe bei gleicher Einstellung weitere 25 Minuten offen braten.

7. Die gebratene Kalbshaxe in Alufolie wickeln und mindestens 10 Minuten ruhen lassen.

8. Inzwischen die Äpfel in eine feuerfeste mikrowellengeeignete Schale geben und mit der Butter in Flöckchen und dem Zucker mischen. Die Äpfel bei 600 (500) Watt 1 (1 1/4) Minute offen andünsten.

9. 3 Eßlöffel Apfelwein über die Äpfel gießen und alles bei 360 (330) Watt 6 Minuten zugedeckt garen.

10. Die Bratsauce durch ein Sieb in eine kleine feuerfeste Form gießen. Den Kalbsfond oder die Fleischbrühe unterrühren und die Sauce bei 600 (500) Watt 5 (5 1/2) Minuten offen einkochen lassen.

11. Die Speisestärke mit dem Calvados und dem restlichen Ingwer verrühren und unter die Sauce mischen. Den Saft, der sich inzwischen in der Alufolie gesammelt hat, ebenfalls dazugießen. Die Sauce bei 600 (500) Watt 3 (3 1/2) Minuten offen einkochen lassen.

12. Die Sahne untermischen und die Sauce noch einmal 1 (1 1/4) Minute bei 600 (500) Watt offen erwärmen. Die Sauce mit Salz und Pfeffer abschmecken.

13. Das Fleisch bei Tisch in Scheiben schneiden. Die Äpfel und die Sauce dazu servieren. Das Gericht mit Majoran garnieren.

Mein Tip: Wenn die Äpfel beim Servieren nicht mehr warm genug sind, können Sie sie bei 600 (500) Watt in 1 1/2 (1 3/4) Minuten noch einmal erwärmen.

Kalbszunge mit Kräutersauce

Auf diese Art zubereitet besonders delikat

Für 2 Personen

1 kleine Zwiebel
1/2 Stange Lauch
1 kleine Möhre/Karotte
1 kleine Kalbszunge (400–500 g)
1 Lorbeerblatt
3/4 l warmes Wasser
Für die Sauce:
2 Eßl. Weißwein
3 Eßl. Garflüssigkeit der Zunge
3 Eßl. Kräuter (zum Beispiel Kerbel, Schnittlauch und Estragon), frisch gehackt
125 g Sahne/Rahm
Salz, frisch gemahlener Pfeffer
10 g Butter

Arbeitsaufwand: etwa 20 Minuten
Garzeit: 59 (66 1/4) Minuten
Nährwert: etwa 2200 kJ/ 520 kcal je Person

1. Die Zwiebel schälen und halbieren. Den Lauch putzen, waschen und grob schneiden. Die Möhre schälen und in Scheiben schneiden.

2. Die Kalbszunge mit dem Gemüse und dem Lorbeerblatt in eine ausreichend große mikrowellengeeignete Form mit Deckel geben. Das Wasser angießen.

3. Die Kalbszunge zugedeckt bei 600 (500) Watt 50 (56) Minuten garen.

4. Die Kalbszunge dann häuten und wieder in den Sud legen. Vom Kochsud 3 Eßlöffel für die Sauce abmessen.

5. Den Weißwein mit 2 Eßlöffeln der Kräuter im Mixer pürieren.

6. Den abgemessenen Garsud in eine kleine mikrowellengeeignete Schüssel geben und offen bei 600 (500) Watt 2 (2 1/2) Minuten einkochen lassen. Das Kräuterpüree untermischen und die Sauce noch einmal 1 (1 1/4) Minute bei 600 (500) Watt einkochen.

7. Die Sahne unter die Sauce rühren und diese weitere 6 (6 1/2) Minuten bei 600 (500) Watt einkochen lassen, bis sie schön sämig ist. Die Sauce mit Salz und Pfeffer abschmecken. Die Butter unterschlagen.

8. Die Zunge aus dem Sud nehmen und leicht schräg in dünne Scheiben schneiden. Dabei beim dicken Ende beginnen.

9. Die Zungenscheiben auf vorgewärmten Tellern anrichten und teilweise mit der Sauce bedecken. Die Zungenscheiben mit den restlichen Kräutern bestreuen und servieren.

10. Dazu paßt am besten Kartoffelpüree.

Meine Tips: Auf herkömmliche Art zubereitet benötigt die Zunge eine Garzeit von bis zu 1 1/2 Stunden, es lohnt sich also, sie in der Mikrowelle zu garen. Bei der Zubereitung sollten Sie darauf achten, daß die Zunge immer vollkommen mit der Flüssigkeit bedeckt ist. Aufwärmen läßt sich eine gegarte Zunge nicht, da sie sonst hart wird. Kalbszungen können Sie frisch oder gepökelt kaufen. Frische Zunge schmeckt sehr delikat und kann mit raffinierten, feinen Saucen serviert werden. Die Sauce sollte immer etwas Farbe haben, da die Zunge relativ blaß ist. Gepökelte Zunge hat rötliches Fleisch, die Konsistenz ist fester und der Geschmack intensiver. Zu gepökelter Zunge passen deftigere Saucen, wie zum Beispiel Senf- oder Kapernsauce.

Varianten: Sie können die Kräuter auch weglassen und die Sauce zum Schluß mit wenig aufgelösten Safranfäden abschmecken.
Sehr gut schmeckt auch eine Paprika-Sahne-Sauce zu der Zunge. Sie können dafür das Rezept der Roten Paprikasuppe, Seite 32, verwenden, das Sie nur mit etwa der Hälfte der Flüssigkeit zugeben und zum Schluß 1–2 Eßlöffel mehr Sahne unterrühren.

Kalbsröllchen mit Zucchini-Dill-Sauce

Mit einer delikaten Füllung aus Fleisch und grünem Pfeffer

Für 2 Personen

50 g Kalbsbries/Milke
50 g Kalb- oder Geflügelfleisch
2 Eßl. Sahne/Rahm
1 Eßl. Schalotten, fein gehackt
1 Teel. Butter
Salz
1 Eiweiß
1/2 Stange Lauch
1 Teel. grüner Pfeffer aus dem Glas
frisch gemahlener Pfeffer, geriebene Muskatnuß
4 dünne Kalbsschnitzel
1/2 Teel. edelsüßes Paprikapulver
2 kleine Zucchini
1 Eßl. Butterschmalz/Bratbutter
4 Eßl. Crème double
1 Teel. Dillspitzen
1 Prise gemahlener Koriander
2 kleine Dillzweige

Ruhezeit: etwa 1 Stunde
Arbeitsaufwand: etwa 40 Minuten
Garzeit: 18 1/2 (21 1/4) Minuten
Nährwert: etwa 2600 kJ/620 kcal je Person

Fleischröllchen sind nicht nur bei uns, sondern auch in Frankreich, Italien und Spanien sehr beliebt. Doch Röllchen sind nicht gleich Röllchen. Vor allem ihr »Innenleben« ist entscheidend und verleiht dem Fleisch das besondere Aroma. Deshalb muß die Füllung der Röllchen würzig sein.
Doch auch die Hülle ist wichtig. Am besten kaufen Sie sehr dünn geschnittene Schnitzel, die Sie entweder schon vom Metzger klopfen lassen oder zu Hause zwischen zwei Lagen Klarsichtfolie legen und mit einem Küchenbeil oder einem Topfboden leicht platt schlagen.
Zu Rinder- und Schweinefleisch passen kräftige Füllungen aus Wurst, Speck oder Schinken. Bei zarten Kalbs- oder Geflügelschnitzeln lasse ich mir jedoch etwas feinere Füllungen einfallen. Und zwar nicht nur das obligate Kalbsbrät, sondern feine, gut gewürzte Kompositionen, die auch einmal etwas origineller sein dürfen.
Die Röllchen lassen sich gut vorbereiten und bis zur Zubereitung kalt stellen oder sogar tiefgefrieren. In der Mikrowelle lassen sich tiefgefrorene Röllchen dann im Nu auftauen und anschließend, je nach Fleischart, in 8–12 Minuten zubereiten. Eine raffinierte Sauce gibt den Fleischröllchen dann noch den letzten Schliff.
Die Kalbsröllchen mit Zucchini-Dill-Sauce können Ihnen als Grundrezept dienen, das Sie nach Lust und Laune beliebig abwandeln können. Im folgenden finden Sie dafür ein paar Anregungen. Die Mengen sind jeweils für 2 Personen berechnet.
Steinpilzfüllung: 40 g Weißbrot ohne Rinde einweichen. 20 g getrocknete Steinpilze ebenfalls in Wasser quellen lassen. 2 Eßlöffel gehackte Schalotten in 1 Eßlöffel Butter andünsten. 1 Eßlöffel fein gehackten Speck hinzufügen und kurz mitdünsten. Die Steinpilze abtropfen lassen, fein hacken und mit dem ausgedrückten, passierten Brot zu der gedünsteten Mischung geben. Eventuell 1–2 Eßlöffel Pilzeinweichwasser untermischen. Die Masse mit 1 Eigelb mischen und mit Salz, reichlich frisch gemahlenem Pfeffer, 1/2 Eßlöffel gehackter Petersilie und etwas Thymian würzen. Diese Füllung paßt zu allen Fleischsorten.
Leberfüllung: 70 g Hühner-, Kaninchen- oder Schweineleber in dünne Scheiben schneiden und in einer Pfanne auf der Kochstelle in 1/2 Eßlöffel Butter braten. 1 Eßlöffel gehackte Petersilie hinzufügen und kurz mitbraten. Die Leber aus der Pfanne nehmen und mit einem großen Messer hacken. Den Bratsatz mit 1 Eßlöffel Marsala oder Madeira lösen. 50 g luftgetrockneten Schinken mit dem Wiegemesser fein hacken. Mit 2 gehackten Salbeiblättern, reichlich frisch gemahlenem schwarzem Pfeffer, 1/2 Teelöffel Aceto balsamico und dem abgelösten Bratsatz sowie der Leber mischen. Mit wenig Salz abschmecken. Die Füllung paßt zu Rinder- und Schweinefleisch.
Spinat-Speck-Füllung: 2 Eßlöffel gehackte Zwiebeln in 1 Eßlöffel Butter andünsten. 100 g zarte Spinatblätter putzen und waschen, dann zu der Zwiebel geben und mitdünsten, bis sie weich sind. Die Flüssigkeit soll dabei verdampfen. Dünne Rindfleischschnitzel mit sehr dünnen, mageren Speckscheiben und je 1 Salbeiblatt belegen. Die Füllung daraufgeben. Die Schnitzel aufrollen.
Champignonfüllung: 2 Eßlöffel gehackte Schalotten in 1 Eßlöffel Butter andünsten. 60 g gehackte Champignons hinzufügen und kurz mitdünsten. 1/2 Eßlöffel Tomatenpüree und 1 Eßlöffel Schinkenwürfel hinzufügen. Mit 1 Eigelb mischen und mit Salz, frisch gemahlenem Pfeffer und etwas fein gehacktem Majoran abschmecken. Die Füllung paßt zu hellem Fleisch.

1. Das Kalbsbries 1 Stunde in kaltes Wasser legen. Das Kalbs- oder Geflügelfleisch und die Sahne kühl stellen. Die Schalotten mit der Butter in eine mikrowellengeeignete Form geben, offen bei 600 (500) Watt 1 (1 1/4) Minute andünsten. Dann erkalten lassen.

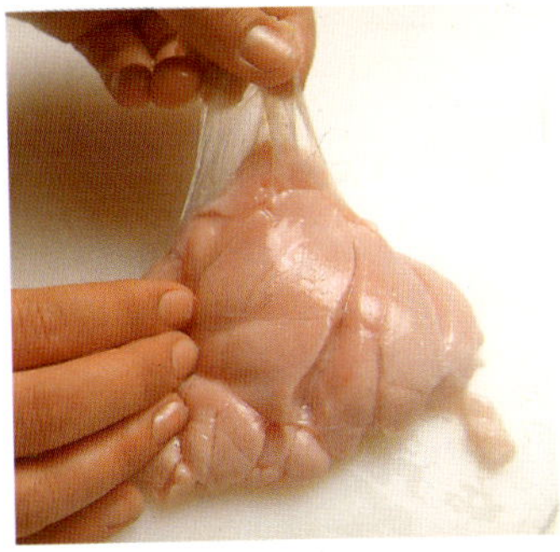

2. Das Kalbsbries putzen und die Haut abziehen. Das Bries in kleine Würfel schneiden. Das Kalb- oder Geflügelfleisch kleinschneiden und mit dem Bries, wenig Salz und dem Eiweiß im Blitzhacker zerkleinern. Dabei die Sahne langsam dazugeben.

3. Den Lauch waschen. Die zarten grünen Blätter in kleine Vierecke schneiden. Den grünen Pfeffer in einem Sieb kalt abspülen. Den Lauch, den grünen Pfeffer und die Schalotten unter das Fleischpüree ziehen. Alles mit Salz, Pfeffer und Muskat abschmecken.

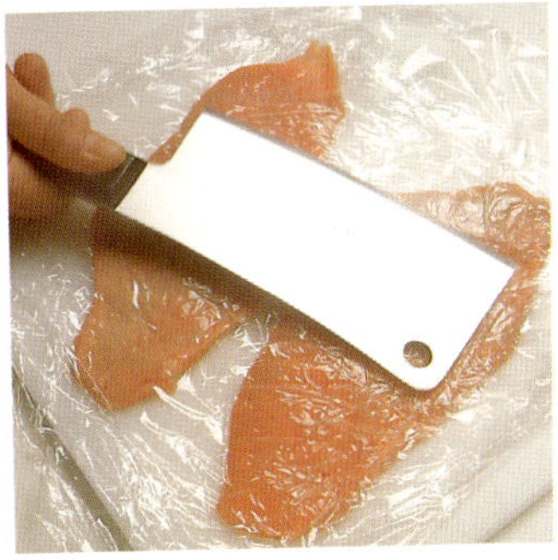

4. Die Kalbsschnitzel zwischen 2 Lagen Klarsichtfolie auf der Arbeitsfläche ausbreiten. Die Schnitzel mit einem Küchenbeil oder einem Fleischklopfer etwas flach schlagen.

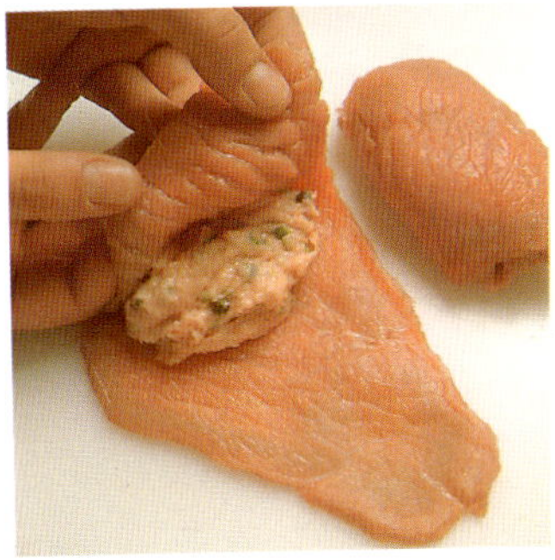

5. Die Schnitzel mit Salz und wenig Pfeffer würzen. Die Füllung zu gleichmäßigen Rollen formen, auf das Fleisch legen und einrollen. Die Röllchen ringsherum in dem Paprikapulver wälzen. Die Zucchini waschen und ungeschält in etwa 1 cm große Würfel schneiden.

6. Eine Bräunungsschale bei 600 (500) Watt 5 (5 1/2) Minuten vorheizen. Das Butterschmalz darauf zerlaufen lassen. Die Röllchen 1 1/2 (1 3/4) Minuten bei 600 (500) Watt anbraten. Auf die unbenutzte Seite wenden und 1 (1 1/4) Minute bei 600 (500) Watt braten.

7. Die Bräunungsschale aus dem Gerät nehmen. Die Zucchiniwürfel zu den Röllchen geben und zugedeckt bei 600 (500) Watt 5 (5 1/2) Minuten garen.

8. Die Créme double, den Dill und den Koriander mit den Zucchini mischen. Alles noch einmal 3 (3 1/2) Minuten bei 600 (500) Watt zugedeckt garen.

9. Die Kalbsröllchen aus der Schale nehmen und warm stellen. Die Sauce durch ein Sieb gießen. Die Sauce in eine mikrowellengeeignete Form geben und offen bei 600 (500) Watt 2 (2 1/2) Minuten einkochen lassen.

10. Die Röllchen mit der Sauce auf vorgewärmten Tellern anrichten und mit den Dillzweiglein garniert servieren. Dazu paßt Kartoffelpüree.

Pochierte Lammchops mit Gemüse

Ein Fleischgericht für Linienbewußte

Für 2 Personen

50 g Möhre/Karotte
50 g weiße Rübe (Navets) oder Kohlrabi
50 g Zucchino
2 Frühlingszwiebeln
400 ccm (0,4 l) Gemüse- oder Fleischbrühe
50 g kleine Zuckerschoten, ersatzweise grüne Erbsen oder Broccoli
1/2 Eßl. Sojasauce
1 Teel. trockener Sherry
1 Prise geriebene Muskatnuß
Salz, frisch gemahlener Pfeffer
250 g Lammchops (ohne Knochen, 8 Stück von je 30 g)
1/2 Knoblauchzehe
4 kleine Scheiben Lamm- oder Kalbsnieren
1 Eßl. Schnittlauchröllchen
einige Schnittlauchstengel

Arbeitsaufwand:
etwa 30 Minuten
Garzeit:
11 (12 1/2) Minuten
Nährwert:
etwa 1100 kJ/
260 kcal je Person

1. Die Möhre und die weiße Rübe oder den Kohlrabi schälen. Den Zucchino putzen. Das Gemüse in dünne Streifen schneiden. Den oberen grünen Teil der Frühlingszwiebeln abschneiden und für ein anderes Gericht (beispielsweise einen Salat oder eine Suppe) verwenden. Den weißen Teil putzen.

2. Die Möhre, die Rübe oder den Kohlrabi und die Frühlingszwiebeln mit der Gemüse- oder der Fleischbrühe in eine mikrowellengeeignete Form mit Deckel geben und zugedeckt bei 600 (500) Watt 5 (5 1/2) Minuten garen.

3. Inzwischen die Zuckerschoten putzen und waschen.

4. Den Zucchino und die Zuckerschoten zu dem vorgegarten Gemüse geben und alles zugedeckt bei 600 (500) Watt weitere 3 (3 1/2) Minuten garen.

5. Das Gemüse mit der Sojasauce, dem Sherry, dem Muskat, Salz und Pfeffer abschmecken. Die Lammchops ebenfalls mit Salz und Pfeffer würzen und mit der Knoblauchhälfte einstreichen. Die Nieren mit Pfeffer bestreuen.

6. Die Lammchops und die Nieren auf das Gemüse legen und alles zugedeckt 3 (3 1/2) Minuten bei 600 (500) Watt garen.

7. Das Gemüse mit der Brühe hübsch auf vorgewärmten Tellern anrichten. Die Lammchops in die Mitte legen und mit den Nieren bedecken. Die Schnittlauchröllchen darüber streuen.

8. Die Lammchops und das Gemüse zusätzlich mit Schnittlauchstengeln garnieren und sofort servieren.

Meine Tips: Lammchops sind exquisite Stücke vom Lamm. Sie werden so aus dem Nierenstück geschnitten, daß auch ein Filetteil daran bleibt, was die Chops so delikat macht. Das klassische Chop gleicht einem T-Bone-Steak, wie Sie es vom Rind her kennen. Es hat ebenfalls einen kleinen t-förmigen Knochen, an dessen oberem Ende die Hälfte des Rückenwirbels mit dem Wirbelfortsatz sitzt und dessen Stiel den Rippenknochen bildet. Deshalb enthalten Chops zwei Arten von Fleisch. Oft werden Chops ohne Knochen und gerollt angeboten. Dazu wird das Nierenstück von den Knochen befreit, fingerdick geschnitten, gerollt und zusammengebunden. Lammfleisch, insbesondere Chops, darf immer nur rosa gegart werden, weshalb Sie die Garzeit wirklich einhalten sollten. Sie ziehen anschließend in der Brühe nach und sind, bis sie auf den Tisch kommen, gerade richtig.

Varianten: Die Nieren können Sie auf einer Bräunungsschale – 4 (4 1/2) Minuten bei 600 (500) Watt vorheizen – braten, wenn Sie sie gekocht nicht so gerne mögen.
Lammliebhabern schmeckt das Gericht noch besser, wenn es mit Lammbrühe zubereitet wird. Dafür verwenden Sie am besten Lammschulter, die Sie später kalt oder als Salat essen können.

Lammrücken mit Orangen-Sojasauce

Für Kombinations-geräte

Für 4 Personen

Für den Braten:
1,5 kg Lammrücken mit Knochen
Salz, frisch gemahlener Pfeffer
1 Eßl. Erdnußöl
Für die Marinade:
Saft von 1 Orange
1 Knoblauchzehe
1 Eßl. Sojasauce
Für die Sauce:
1 große reife Tomate oder 2 geschälte Tomaten aus der Dose
1 Möhre/Karotte
Saft von 2 Orangen
1 Teel. Rosmarinnadeln
1 Eßl. Sojasauce
1 Teel. Speisestärke
1 Teel. Orangenlikör
1 Eßl. bittere Orangen-marmelade
Salz, Cayennepfeffer

Arbeitsaufwand:
etwa 35 Minuten
Marinierzeit:
über Nacht oder 3–4 Stunden
Garzeit:
23 (23 1/2) Minuten
Nährwert:
etwa 2700 kJ/ 640 kcal je Person

1. Schon beim Einkauf des Lammrückens vom Metzger den Kamm entfernen und in Stücke hacken lassen. Die Knochen mitnehmen.

2. Für die Marinade den Orangensaft, die durchgepreßte Knoblauchzehe und die Sojasauce mischen. Das Fleisch in eine längliche Schüssel legen und mit der Marinade übergießen.

3. Den Lammrücken über Nacht oder 3–4 Stunden zugedeckt im Kühlschrank marinieren lassen. Dabei ab und zu wenden.

4. Nach Ablauf der Marinierzeit die Lammknochen mit 2–3 Eßlöffeln Wasser in die Fettpfanne des Kombinationsgerätes geben.

5. Das Fleisch aus der Marinade nehmen und mit Küchenpapier trockentupfen. Den Lammrücken mit Salz und Pfeffer einreiben und mit dem Öl bestreichen, dann auf den Rost legen und mit der Fettpfanne in die mittlere Schiene des Gerätes geben.

6. Den Lammrücken bei Ober- und Unterhitze 250° oder Umluft 230° und 360 Watt offen 10 Minuten braten.

7. Inzwischen für die Sauce die Tomate waschen, halbieren und vom Stielansatz befreien, die Möhre putzen und in Scheiben schneiden.

8. Den Lammrücken aus dem Gerät nehmen. Die Tomate und die Möhre mit dem Orangensaft und den Rosmarinnadeln in die Fettpfanne geben und das Fleisch bei gleicher Einstellung offen weitere 8 Minuten garen.

9. Das Fleisch aus dem Gerät nehmen, in Alufolie wickeln und 10–15 Minuten ruhen lassen.

10. Inzwischen die Sauce zubereiten. Den Saft aus der Fettpfanne durch ein Sieb in ein feuerfestes Gefäß gießen. Die Tomate und die Möhre gut auspressen. Die Sojasauce mit der Speisestärke und dem Orangenlikör verrühren. Die Orangenmarmelade durch ein Sieb passieren und mit der Sojasauce unter den Bratensaft mischen.

11. Die Sauce offen bei 600 (500) Watt 5 (5 1/2) Minuten einkochen lassen. Dann mit Salz und Cayennepfeffer abschmecken. Die Folie öffnen und den Fleischsaft, der sich inzwischen darin gesammelt hat, unter die Sauce rühren.

12. Das Fleisch mit einem Messer sorgfältig vom Rückenknochen lösen und in Scheiben schneiden. Die Sauce getrennt dazu servieren.

13. Dazu schmeckt gedünstetes Gemüse besonders gut.

Mein Tip: Nach der angegebenen Garzeit ist der Lammrücken knapp durchgegart. Wenn Sie es jedoch nur leicht rosa wünschen, verlängern Sie die Garzeit einfach um einige Minuten. Sollte Ihnen das Fleisch beim Anschneiden noch zu rosa erscheinen, können Sie es auf der obersten Schiene bei starker Grillstufe noch etwa 2 Minuten grillen. Länger sollte das zarte Lammfleisch allerdings nicht gegart werden, sonst ist es nicht mehr so schön saftig.

Kaninchenrücken mit Cognac-Oliven-Sauce

Zartes Kaninchen mit einer kräftigen Sauce

Für 2 Personen

1/2 rote oder grüne Paprikaschote/Peperone
100 g reife Tomaten (eventuell aus der Dose)
2 Eßl. Olivenöl
2 Eßl. Zwiebeln, fein gehackt
1 Rosmarinzweig
1/4 Lorbeerblatt
3 Eßl. Weißwein
4 Eßl. Fleischbrühe
edelsüßes Paprikapulver
4 schwarze Oliven
1/2 Eßl. Cognac oder Weinbrand
1 kleine Knoblauchzehe
Salz, frisch gemahlener Pfeffer
1 Prise Rosenpaprikapulver oder Cayennepfeffer
etwas Fleischextrakt
1 Kaninchenrücken ohne Knochen

Arbeitsaufwand: etwa 30 Minuten
Garzeit: 25 1/2 (30) Minuten
Nährwert: etwa 2300 kJ/ 550 kcal je Person

1. Die Paprikahälfte waschen, von den Trennwänden und den Kernen befreien und in feine Streifen schneiden. Die Tomaten eventuell (bei Verwendung von frischen Tomaten) mit kochendem Wasser überbrühen und häuten.

2. 2 Eßlöffel Olivenöl in eine mikrowellengeeignete Form mit Deckel geben und 2 (2 1/2) Minuten offen bei 600 (500) Watt erhitzen.

3. Die Zwiebeln und die Paprikastreifen zu dem Öl geben und 2 (2 1/2) Minuten offen bei 600 (500) Watt andünsten. Dann gut durchrühren und die Mischung noch einmal 2 (2 1/2) Minuten bei 600 (500) offen garen.

4. Die Tomaten, den Rosmarin, das Lorbeerblatt, den Weißwein, die Fleischbrühe und 1/2 Teelöffel Paprikapulver hinzufügen. Die Mischung zugedeckt bei 600 (500) Watt 12 (13 1/2) Minuten garen.

5. Die Oliven entsteinen und kleinschneiden, dann mit dem Cognac oder dem Weinbrand und dem durchgepreßten Knoblauch zu der Tomatenmischung geben. Alles noch einmal 1 (1 1/4) Minute bei 600 (500) Watt offen garen. Die Sauce mit Salz, Pfeffer, dem scharfen Paprikapulver oder dem Cayennepfeffer und dem Fleischextrakt abschmekken. Das Lorbeerblatt entfernen.

6. Eine Bräunungsplatte 5 (5 1/2) Minuten bei 600 (500) Watt vorheizen.

7. Inzwischen das Kaninchenfleisch rundherum mit Salz, Pfeffer und edelsüßem Paprikapulver einreiben.

8. Das Fleisch auf eine Seite der vorgeheizten Bräunungsplatte geben und 1/2 (3/4) Minute bei 600 (500) Watt braten. Das Fleisch auf eine unbenutzte Stelle der Bräunungsplatte wenden und noch einmal 1/2 (3/4) Minute bei 600 (500) Watt braten. Das Fleisch dann noch einmal wenden und erneut 1/2 (3/4) Minute bei 600 (500) Watt braten.

9. Den Kaninchenrücken locker mit Alufolie abdecken und 3–4 Minuten stehenlassen.

10. Den Fleischsaft, der nach dieser Zeit ausgetreten ist, zur Sauce geben.

11. Den Kaninchenrücken leicht schräg in etwa 1/2 cm dicke Scheiben schneiden und auf vorgewärmte Teller geben. Die Sauce dazu servieren.

Meine Tips: Wenn Sie keinen Kaninchenrücken als Einzelstück bekommen, können Sie auch andere Kaninchenstücke für dieses Gericht verwenden. In diesem Fall sollten Sie möglichst die Knochen entfernen. Kaninchenkeulen haben eine längere Garzeit und sollten am besten in der Sauce gegart werden. Sie benötigen zugedeckt etwa 25 Minuten bei 360 Watt.
Geschmacklich wird das Kaninchenfleisch noch besser, wenn Sie es einige Stunden vor der Zubereitung mit Salz und Zitronensaft einreiben. So macht man es in Italien oft, damit der typische Geschmack des Kaninchens etwas gedämpft wird.

Variante: Die Paprikaschote und die Oliven weglassen und den Weißwein durch Rotwein ersetzen. Die Sauce zum Schluß 15 (17) statt 12 (13 1/2) Minuten einkochen lassen. Die Sauce mit 2–3 Eßlöffeln Sahne und etwas durchgepreßtem Knoblauch verfeinern. Nach Belieben den Cognac weglassen.

Geflügelgeschnetzeltes mit Schnittlauchsauce

Geflügel wird in der Mikrowelle schonend gegart

Für 2 Personen

1/4 Stange Lauch
1 kleine Möhre/Karotte
1 kleines Stück Knollensellerie
2 Schalotten
6 Eßl. Hühnerbrühe
1 1/2 Eßl. Weißwein
300 g Hähnchen- oder Truthahnbrust, ohne Haut und Knochen
1 Eßl. trockener weißer Wermut
6 Eßl. Crème double
2 Eßl. Schnittlauchröllchen
Salz, frisch gemahlener weißer Pfeffer

Arbeitsaufwand:
etwa 25 Minuten
Garzeit:
12 (14) Minuten
Nährwert:
etwa 2100 kJ/
500 kcal je Person

1. Den Lauch, die Möhre und den Knollensellerie waschen und eventuell schälen oder putzen, dann kleinschneiden. Die Schalotten schälen und sehr fein hacken.

2. Die Hühnerbrühe und den Weißwein mit dem Gemüse und den Schalotten in einer mikrowellengeeigneten Form vermengen. Die Mischung offen bei 600 (500) Watt 6 (7) Minuten garen. Dabei einmal durchrühren.

3. Die Hähnchen- oder die Truthahnbrust kalt abspülen, mit Küchenpapier gründlich trockentupfen, längs in etwa 3 cm breite Streifen und diese in etwa 1/2 cm dicke Scheibchen schneiden.

4. Den Gemüsesud durch ein Sieb gießen, das Gemüse ausdrücken. Den Sud dann wieder in die Form geben. Die Fleischscheiben in den Gemüsesud legen und zugedeckt bei 600 (500) Watt 3 (3 1/2) Minuten garen.

5. Das Fleisch aus dem Gerät nehmen und zugedeckt etwa 5 Minuten stehenlassen. Das Fleisch dann auf eine vorgewärmte Platte geben und zugedeckt warm halten.

6. Den Garfond mit dem Wermut verrühren und offen 2 (2 1/2) Minuten bei 600 (500) Watt einkochen lassen.

7. Die Crème double unterrühren und alles noch einmal 1 Minute bei 490 (500) Watt heiß und sämig werden lassen.

8. Zwei Drittel des Schnittlauchs unter die Sauce rühren. Die Sauce mit Salz und Pfeffer abschmecken und über dem Fleisch verteilen. Das Fleisch mit dem restlichen Schnittlauch bestreut servieren.

9. Dazu schmecken am besten Kartoffelpflänzchen oder -puffer.

Meine Tips: Wenn das Hähnchen schon etwas kalt geworden ist, können Sie das fertige Gericht bei 490 (500) Watt noch einmal 2 Minuten erhitzen.
Wenn Sie keine Crème double bekommen, können Sie Sahne verwenden und zum Schluß 15–20 g Butter in kleinen Flöckchen mit einem Schneebesen unter die Sauce rühren.

Mariniertes Hähnchen

Wird unter dem Grill vorgegart

Für 2 Personen

1 kleines Hähnchen (etwa 600 g)
Salz, frisch gemahlener Pfeffer
1 Eßl. gesalzene Butter
Für die Marinade:
1/8 l Olivenöl
2 Knoblauchzehen
1 Lorbeerblatt
1 Teel. Rosmarinnadeln
etwas gehacktes Selleriegrün
1 Prise geriebene Muskatnuß
1 Teel. edelsüßes Paprikapulver
1 Rosmarinzweig

Arbeitsaufwand: etwa 35 Minuten
Marinierzeit: etwa 12 Stunden
Garzeit: 21 (21 1/4) Minuten
Nährwert: etwa 3100 kJ/ 740 kcal je Person

1. Das Hähnchen knapp neben dem Rückenknochen auf beiden Seiten der Länge nach mit einem scharfen Messer aufschneiden. Den Rückenknochen herauslösen. Das Hähnchen öffnen und mit der Hautseite nach oben auf ein Brett legen. Das Hähnchen mit Folie abdekken und mit einem Küchenbeil oder einem Nudelholz flach schlagen.

2. Für die Marinade das Olivenöl mit dem durchgepreßten Knoblauch, dem Lorbeerblatt, den Rosmarinnadeln, dem Selleriegrün, dem Muskat und dem Paprikapulver gründlich verrühren.

3. Das Hähnchen innen und außen mit etwas Marinade bestreichen, in ein flaches Gefäß legen und mit der restlichen Marinade begießen.

4. Das Hähnchen etwa 12 Stunden im Kühlschrank marinieren.

5. Den Grill des Mikrowellengerätes oder des Backofens vorheizen.

6. Das Hähnchen aus der Marinade nehmen, abtropfen lassen und mit Salz und Pfeffer bestreuen. Das Hähnchen mit der Hautseite nach oben auf den Grillrost legen.

7. Das Hähnchen mit der Fettpfanne darunter in die obere Schiene des Gerätes geben und 5 Minuten ohne Zuschaltung von Mikrowellen grillen. Das Hähnchen dann wenden und weitere 3 Minuten grillen.

8. Das Hähnchen erneut wenden und mit dem Rost über die Fettpfanne legen, dann in die mittlere Schiene des Gerätes geben. Das Hähnchen bei 360 (330) Watt 12 Minuten braten.

9. Das Hähnchen aus dem Gerät nehmen, mit Alufolie abdecken und etwa 10 Minuten ruhen lassen.

10. Inzwischen die Butter in eine kleine feuerfeste Schale geben und bei 600 (500) Watt in 1 (1 1/4) Minuten schmelzen lassen.

11. Das Hähnchen anrichten und mit der Butter übergießen.

Mein Tip: Da dieses Gericht mit einem sehr kleinen Hähnchen zubereitet wird, muß es unbedingt gegrillt werden. Es würde sonst in der kurzen Garzeit nicht schön braun.

Entenbrust mit Honig-Koriander-Sauce

Gegrillt bleibt die Entenbrust besonders saftig

Für 2 Personen

1 Entenbrust mit Haut (etwa 300 g)
Salz, frisch gemahlener Pfeffer
etwas Butter für den Grill
Für die Sauce:
3 Eßl. trockener Sherry
4 Eßl. Geflügelfond oder konzentrierte Hühnerbrühe
1 Eßl. Rotwein- oder Honigessig
5 zerdrückte Korianderkapseln
1 Eßl. Honig
1 Teel. Speisestärke
10 g Butter
Salz, Pfeffermischung (siehe Tip)

Arbeitsaufwand: etwa 15 Minuten
Garzeit: 17 1/2 (18 1/2) Minuten
Nährwert: etwa 2000 kJ/ 480 kcal je Person

1. Die Haut der Entenbrust gitterartig einschneiden, ohne dabei das Fleisch zu verletzen. Die Entenbrust auf beiden Seiten mit Salz und Pfeffer bestreuen.

2. Den Grill des Mikrowellengerätes auf die höchste Stufe vorheizen. Inzwischen den Grillrost mit Butter bestreichen und die Entenbrust mit der Hautseite nach oben darauf legen.

3. Die Entenbrust mit der Fettpfanne darunter in das Gerät geben und ohne Zuschaltung von Mikrowellen 5 Minuten grillen.

4. Die Entenbrust aus dem Gerät nehmen und wenden. Den Grillrost etwas beiseite schieben und die Entenbrust mit dem ausgelaufenen Saft bestreichen.

5. Die Entenbrust wieder in das Gerät geben und weitere 4 Minuten grillen. Die Entenbrust dann in Alufolie wickeln und 10 Minuten ruhen lassen.

6. Inzwischen die Sauce zubereiten. Dazu etwas Fett aus der Fettpfanne gießen. Den Bratsatz mit 2 Eßlöffeln Sherry und dem Geflügelfond oder der Brühe ablösen und in ein flaches Mikrowellengefäß geben. Den Essig und die Korianderkapseln hinzufügen.

7. Die Sauce bei 600 (500) Watt offen 5 (5 1/2) Minuten einkochen lassen.

8. Die Sauce aus dem Gerät nehmen und den Honig gründlich unterrühren. Die Speisestärke mit dem restlichen Sherry anrühren und ebenfalls unterrühren. Den Saft der Entenbrust, der sich inzwischen in der Alufolie gesammelt hat, ebenfalls unter die Sauce mischen.

9. Die Sauce bei 600 (500) Watt offen 3 (3 1/2) Minuten einkochen lassen. Dann die Butter in kleinen Flocken unterrühren und die Sauce noch einmal 1/2 Minute bei 600 (500) Watt erhitzen.

10. Die Sauce gründlich durchrühren, dann durch ein Sieb gießen. Mit Salz und Pfeffermischung abschmecken.

11. Die Entenbrust mit der verbliebenen Fettschicht leicht schräg in etwa 1 cm dicke Scheiben schneiden und mit der Sauce servieren.

12. Dazu schmeckt gedünstetes Gemüse und eventuell Brot.

Meine Tips: Korianderkapseln können Sie in Feinkostgeschäften kaufen. Mit einem sauberen Topfboden lassen sie sich ganz leicht zerdrücken. Hier meine *Pfeffermischung:* je 2 Teile schwarze und weiße Pfefferkörner mit 1 Teil Piment (Nelkenpfeffer) mischen und in eine Pfeffermühle geben. Die Mischung nicht zu fein direkt in die Sauce mahlen. Bei der angegebenen Garzeit wird die Entenbrust schön rosa. Wenn Sie sie lieber etwas blutig mögen, verkürzen Sie die Garzeit um 2 Minuten. Die Ruhezeit von 10 Minuten ist unbedingt nötig, damit sich der Fleischsaft verteilen kann und beim Anschneiden nicht so stark ausläuft.

Hähnchen mit Morchelsauce

Für festliche Anlässe

Für 3 Personen

20 g getrocknete Morcheln
1 Eßl. Butterschmalz/ Bratbutter
1 großes Hähnchen (etwa 1,2 kg)
Salz, frisch gemahlener Pfeffer
2 mittelgroße Schalotten
4 Eßl. trockener Sherry
1 Teel. fein gehackter Majoran
125 g Sahne/Rahm
1 Teel. Speisestärke
1 Prise Cayennepfeffer

***Arbeitsaufwand:* etwa 25 Minuten**
***Quellzeit:* etwa 1 Stunde**
***Garzeit:* 52 1/2 (53 3/4) Minuten**
***Nährwert:* etwa 2100 kJ/ 500 kcal je Person**

1. Die Morcheln unter fließendem Wasser gründlich waschen. Dann in eine kleine Schüssel geben, mit lauwarmem Wasser bedecken und mindestens 1 Stunde quellen lassen.

2. Das Butterschmalz in eine kleine Mikrowellenschale geben und bei 600 (500) Watt in 1 1/2 (1 3/4) Minuten schmelzen lassen.

3. Das Hähnchen innen und außen mit Salz und Pfeffer einreiben und mit dem flüssigen Butterschmalz bestreichen. Das Hähnchen auf den Rost des Kombinationsgerätes geben.

4. Die Schalotten schälen, in Scheiben schneiden und in die Fettpfanne geben. Die Morcheln in ein feines Sieb füllen (das Einweichwasser auffangen) und nochmals gründlich unter fließendem Wasser abspülen. Das Einweichwasser durch eine Kaffeefiltertüte gießen und in die Fettpfanne geben.

5. Das Hähnchen auf dem Rost über der Fettpfanne in die mittlere Schiene des Gerätes geben und bei Ober- und Unterhitze 200° oder Umluft 180° und 360 Watt 25 Minuten braten.

6. Das Hähnchen aus dem Gerät nehmen. Den Fond passieren, dabei die Schalotten entfernen. Die Morcheln mit 3 Eßlöffeln Sherry, dem Fond und dem Majoran in die Fettpfanne geben. Das Hähnchen wenden und mit etwas Flüssigkeit aus der Fettpfanne bestreichen. Das Hähnchen bei gleicher Einstellung weitere 15 Minuten garen.

7. Das Hähnchen aus dem Gerät nehmen, in 8 Stücke tranchieren und warm stellen.

8. Die Sauce mit den Morcheln in eine feuerfeste mikrowellengeeignete Form geben und bei 600 (500) Watt 6 (6 1/2) Minuten offen einkochen lassen.

9. Die Sahne gründlich mit der Speisestärke verrühren und unter die Sauce mischen. Die Sauce bei 600 (500) Watt weitere 5 (5 1/2) Minuten offen kochen lassen. Die Sauce dann mit dem restlichen Sherry, Salz, Pfeffer und dem Cayennepfeffer abschmecken.

10. Die Hähnchenstücke mit der Morchelsauce übergießen und servieren.

Meine Tips: Durch das Warmhalten wird die Haut des Hähnchens etwas weich. Wenn Sie das nicht mögen, können Sie die Haut vor dem Begießen mit der Sauce mühelos entfernen.
Wenn Sie einmal ein Hähnchen ohne Sauce zubereiten möchten, können Sie es vor dem Servieren noch kurz unter den Grill schieben. Die Haut wird dann noch knuspriger.
Die Morcheln können Sie durch getrocknete Steinpilze ersetzen. In diesem Fall nehmen Sie statt Sherry je 2 Eßlöffel Weißwein und Hühnerbrühe.

Hühnercurry mit Ananas und Kumquats

Von der indischen Küche inspiriert

Für 2 Personen

1 kleines Hähnchen von etwa 700 g
2 Schalotten
150 g Kumquats
1 Baby-Ananas
50 g Mandelblättchen
1 Eßl. Butterschmalz/ Bratbutter
1/2 Eßl. Currypulver (Madras)
Salz
6 Eßl. Hühnerbrühe
3 Eßl. trockener Sherry
4 Eßl. Sahne/Rahm
1 1/2 Teel. Speisestärke
1 Eßl. Mango-Chutney
1/2–1 Teel. scharfes Currypulver (zum Beispiel Madras)
30 g Butter
frisch gemahlener Pfeffer

Arbeitsaufwand: etwa 35 Minuten
Garzeit: 16 (18) Minuten
Nährwert: etwa 4000 kJ/ 960 kcal je Person

1. Das Hähnchen häuten und in 8 Stücke zerteilen. Die Schalotten fein hacken.

2. Die Kumquats waschen und mit der Schale in Scheiben schneiden. Die Ananas schälen und zuerst in Scheiben, dann in Fächer schneiden. Den ausfließenden Ananassaft dabei auffangen.

3. Die Mandeln auf der Kochstelle in einer trockenen Pfanne unter Rühren hellbraun rösten.

4. Die Hähnchenstücke mit den Schalotten und dem Butterschmalz in eine mikrowellengeeignete Schale legen und zugedeckt bei 600 (500) Watt 4 (4 1/2) Minuten garen.

5. Die Hähnchenstücke mit dem Currypulver und wenig Salz bestreuen und gründlich wenden. Dann mit der Hühnerbrühe und dem Ananassaft begießen. Das Hähnchen weitere 2 (2 1/2) Minuten zugedeckt bei 600 (500) Watt garen.

6. Die Hähnchenstücke aus der Sauce nehmen und mit Alufolie abgedeckt beiseite stellen.

7. Den Sherry unter die Sauce mischen und alles 3 (3 1/2) Minuten offen bei 600 (500) Watt einkochen lassen.

8. Die Sahne mit der Speisestärke verrühren, unter die Sauce mischen und alles noch einmal 2 Minuten offen bei 490 (500) Watt einkochen lassen. Die Sauce gut durchrühren und mit dem Chutney und dem scharfen Currypulver abschmecken.

9. Die Hähnchenstücke wieder in die Sauce geben und zugedeckt bei 360 (330) Watt 3 Minuten garen. Die Hähnchenstücke zugedeckt 5 Minuten stehenlassen.

10. Inzwischen die Kumquats mit 15 g Butter in eine Schale geben und 1 (1 1/4) Minute bei 600 (500) Watt erwärmen. Die Ananas mit der restlichen Butter ebenfalls bei 600 (500) Watt in 1 (1 1/4) Minute erwärmen. Die Früchte mit Pfeffer würzen.

11. Die Hähnchenstücke mit der Sauce auf Teller verteilen, mit den Mandeln bestreuen und mit den Früchten garnieren.

Meine Tips: Das Wichtigste an diesem Gericht ist die Wahl des Currypulvers. Es sollte sehr aromatisch sein. Wer es gerne besonders pikant mag, kann mit einem scharfen Currypulver (hot) nachwürzen.
Wenn Sie keine Kumquats bekommen, können Sie filetierte Orangen oder Mandarinen beziehungsweise Kumquats aus der Dose verwenden.

GEMÜSE ALS HAUPTGERICHT

Hier zeigt sich Gemüse von seiner besten Seite – nämlich schonend und bißfest gegart. In der Mikrowelle bleiben nicht nur Aromastoffe, sondern auch Vitamine und Mineralstoffe bestens erhalten.
Sie schmecken es: Versuchen Sie Spargel mit Orangen-Buttersauce, Gefüllte Auberginen oder Gemüse nach sizilianischer Art.

Gefüllter Chinakohl mit roter Ingwersauce

Von der chinesischen Küche inspiriert

Für 4 Personen

Für die Sauce:
3 Eßl. Essig
3 Eßl. Zucker
1 Eßl. Speisestärke
1 Eßl. Sojasauce
2 Knoblauchzehen
2 Eßl. Ketchup
3–4 Tropfen Sesamöl
2 Messerspitzen Sambal oelek
1 Teel. frisch geriebene Ingwerwurzel
Salz
Für den Kohl:
8 große Blätter Chinakohl
10 g getrocknete schwarze Pilze
200 g Geflügelfleisch ohne Haut und Knochen
1 1/2 Stangen Lauch
1 Möhre/Karotte
1 Zwiebel
70 g Sojasprossen
2 Eßl. Erdnußöl
Salz, Pfeffer
2 Eßl. Sojasauce
1 Messerspitze Sambal oelek
8 kleine runde Reisblätter
8 große oder 16 kleine Pfefferminzblättchen

Quellzeit: 15 Minuten
Arbeitsaufwand: etwa 45 Minuten
Garzeit: 21 1/2 (25 1/4) Minuten
Nährwert: etwa 960 kJ/ 230 kcal je Person

1. Für die Sauce 6 Eßlöffel Wasser mit dem Essig und dem Zucker in eine kleine mikrowellengeeignete Schale geben und zugedeckt 2 1/2 (3) Minuten bei 600 (500) Watt kochen. Die Flüssigkeit soll leicht sirupartig einkochen. Sollte sie noch zu flüssig sein, die Garzeit um 1–2 Minuten verlängern.

2. Die Speisestärke mit der Sojasauce und 2–3 Eßlöffeln Wasser anrühren. Die Mischung unter die Sauce rühren und alles offen bei 600 (500) Watt in 2 (2 1/2) Minuten sämig einkochen lassen.

3. Die Knoblauchzehen durch die Presse drücken und mit dem Ketchup, dem Sesamöl, dem Sambal oelek, dem Ingwer und wenig Salz unter die Sauce mischen. Die Sauce abkühlen lassen oder zugedeckt stehenlassen, so daß sie lauwarm bleibt.

4. Von den Kohlblättern den Strunk herausschneiden. Die Pilze mit lauwarmem Wasser bedecken und etwa 15 Minuten quellen lassen.

5. Das Geflügelfleisch in sehr kleine Würfel schneiden. Den Lauch putzen und in 2 cm lange Streifen schneiden. Die Möhre schälen und in dünne, kurze Stifte schneiden. Die Zwiebel hacken. Die Pilze ausdrücken und in gleichmäßige Stücke schneiden. Die Sojasprossen waschen und halbieren.

6. Die Kohlblätter mit 8 Eßlöffeln Wasser in eine mikrowellengeeignete Schale mit Deckel geben und zugedeckt bei 600 (500) Watt 3 (3 1/2) Minuten garen. Die Blätter dann abtropfen lassen, den Sud beiseite stellen.

7. Eine Bräunungsschale 2 (2 1/2) Minuten bei 600 (500) Watt vorheizen. 1 Eßlöffel Öl darauf geben. Die Fleischwürfel mit wenig Salz würzen, auf die Bräunungsschale geben und offen 2 (2 1/2) Minuten bei 600 (500) Watt anbraten. Dabei nach der Hälfte der Zeit wenden.

8. Das Fleisch aus der Schale nehmen. 1 Eßlöffel Öl in die noch heiße Schale geben. Die Pilze hinzufügen und 1 (1 1/4) Minuten bei 600 (500) Watt dünsten. Die Möhre, die Zwiebel, den Lauch und die Sojasprossen hinzufügen und alles weitere 3 (3 1/2) Minuten bei 600 (500) Watt garen.

9. Das Gemüse mit dem Geflügelfleisch mischen und mit Salz, Pfeffer, der Sojasauce und dem Sambal oelek würzen. Die Reisblätter kurz in Wasser tauchen, auf der Arbeitsfläche ausbreiten und mit je 1 Kohlblatt sowie 1–2 Pfefferminzblättchen belegen, dann mit der Füllung bedecken. Die Reisblätter aufrollen.

10. Den Garfond des Chinakohls in eine mikrowellengeeignete Form mit Deckel geben. Die Päckchen hineinlegen und zugedeckt bei 600 (500) Watt 6 (6 1/2) Minuten garen.

11. Die Päckchen abtropfen lassen und auf vorgewärmte Teller verteilen. Die rote Sauce getrennt dazu servieren.

Meine Tips: Die Päckchen sehen sehr hübsch aus, wenn Sie sie mit knapp gegarten Lauchstreifen verschnüren. Dazu 1 lange Stange Lauch längs in schmale Streifen schneiden. Die Streifen in eine mikrowellengeeignete Form legen, mit Wasser bedecken und zugedeckt bei 600 (500) Watt 2 (2 1/2) Minuten garen. Reisblätter können Sie in Feinkostgeschäften oder in den Lebensmittelabteilungen großer Kaufhäuser kaufen. Statt Chinakohl können Sie auch Wirsing verwenden. In diesem Fall eventuell die Reisblätter und die Pfefferminze weglassen.

Linsen mit Gemüse und Kapern

Hülsenfrüchte – raffiniert zubereitet

Für 2 Personen

100 g grüne Linsen
1 kleine Möhre/Karotte
1 dünne Stange Lauch
1 gehäutete Tomate
1 Knoblauchzehe
1/2 Eßl. Butter
1 kleine Zwiebel, fein gehackt
je 1 Zweig Bohnenkraut und Thymian
1/4 l Fleischbrühe
2 Eßl. Rotwein
150 g Kartoffeln
1/2 Eßl. Rotweinessig
1 Eßl. Kapern
Salz, frisch gemahlener Pfeffer

Arbeitsaufwand:
etwa 30 Minuten
Quellzeit:
etwa 2 Stunden
Garzeit:
21 (23 1/4) Minuten
Nährwert:
etwa 1300 kJ/ 310 kcal je Person

1. Die Linsen in eine Schüssel geben und mit abgekochtem und wieder abgekühltem Wasser oder mit Mineralwasser bedecken. Die Linsen zugedeckt bei Zimmertemperatur mindestens 2 Stunden quellen lassen.

2. Die Möhre und den Lauch schälen beziehungsweise putzen, waschen und in feine Streifen schneiden. Die Tomate kleinschneiden, dabei den Stielansatz entfernen. Den Knoblauch durch die Presse drücken.

3. Die Butter in eine mikrowellengeeignete Form geben und bei 600 (500) Watt 1 (1 1/4) Minute erhitzen. Die Zwiebel hinzufügen und 2 (2 1/2) Minuten zugedeckt bei 600 (500) Watt garen.

4. Die Möhre, den Lauch, den Knoblauch sowie die abgespülten Kräuter hinzufügen und alles noch einmal 1 1/2 (1 3/4) Minuten bei 600 (500) Watt zugedeckt garen.

5. Die Tomatenstücke dazugeben und das Gemüse in 1/2 (3/4) Minute bei 600 (500) Watt fertiggaren. Dann 3 Eßlöffel Fleischbrühe unterrühren und das Gemüse beiseite stellen.

6. Die Linsen abtropfen lassen und mit der restlichen Fleischbrühe und dem Rotwein in eine mikrowellengeeignete Form mit Deckel geben. Die Linsen zugedeckt bei 600 (500) Watt 8 (9) Minuten garen.

7. Die Linsen durch ein Sieb gießen, die Garflüssigkeit dabei auffangen.

8. Etwa 1/2 Tasse Linsen im Mixer pürieren, dann mit den ganzen Linsen zum Gemüse geben.

9. Die Kartoffeln schälen, waschen und klein würfeln. Die Kartoffeln mit der Garflüssigkeit der Linsen mischen und bei 490 (500) Watt zugedeckt 7 Minuten garen.

10. Die Kartoffeln zu der Gemüse-Linsen-Mischung geben und alles bei 490 (500) Watt in 1 Minute erhitzen.

11. Das Gericht mit dem Essig, den Kapern, Salz und Pfeffer abschmecken, dann sofort servieren.

Mein Tip: Die Linsen schmecken auch mit frischem Oregano.

Grüner Spargel mit Orangen-Buttersauce

Delikat und farblich attraktiv

Für 2 Personen

Für den Spargel:
500 g grüner Spargel
1/8 l Wasser
1/2 Teel. Zucker
Salz
1 kleines Stück Butter
Für die Sauce:
1 Orange
1 Teel. abgeriebene unbehandelte Orangenschale
1 Teel. Schalotte, fein gehackt
50 g Butter
1 Eigelb
1/2 Teel. Zitronensaft
Salz, frisch gemahlener weißer Pfeffer
1 Teel. Orangenlikör

Arbeitsaufwand:
etwa 20 Minuten
Garzeit:
15 1/2 (17 1/2) Minuten
Nährwert:
etwa 1200 kJ/ 290 kcal je Person

Spargel gelingt in der Mikrowelle ganz besonders gut. Er ist in kurzer Zeit gegart, also nicht verkocht und er behält sein volles Aroma. Grüner Spargel bleibt auch farblich sehr kräftig. Voraussetzung dafür, daß das Gericht gut gelingt, ist natürlich auch hier, daß Sie beim Einkauf auf gute Qualität achten. Spargel gibt es in den Handelsklassen I und II sowie aus verschiedenen Ländern. Das wichtigste ist jedoch die Frische. Die Schnittstellen dürfen keinesfalls bräunlich oder vertrocknet sein und die Köpfe sollen fest sein. Sie sollten sich nicht scheuen, die Papiermanschette, die meist am unteren Ende der Stangen befestigt ist, zu öffnen, um die Schnittstellen zu überprüfen. Erstklassige Spargelstangen sollten gerade und nicht allzu dünn sein. Gewisse Sorten, wie zum Beispiel Spargel aus Cavaillon (Frankreich) sind meist sehr dick, besonders saftig und schmecken sehr aromatisch. Spargel aus Spanien kann geschmacklich sehr gut, an der unteren Hälfte aber etwas holzig sein. Am allerbesten schmeckt der Spargel aus dem eigenen Land, da er keine langen Transportwege benötigt. Frisch gestochenen Spargel bekommt man vielerorts in Deutschland, im Elsaß und ab und zu auch in der Schweiz.
Grüner Spargel hat einen besonders intensiven Geschmack und muß praktisch nicht geschält werden. Italienischer Spargel hat grünliche Köpfe und ist im Geschmack ebenfalls kräftig.
Nach dem Kauf wickeln Sie den Spargel am besten in ein feuchtes Küchentuch und legen ihn in das Gemüsefach des Kühlschranks. Auf diese Weise bleibt er 1–2 Tage frisch.
Das Garen von Spargel in der Mikrowelle ist problemlos, wenn Sie das Rezept auf der gegenüberliegenden Seite befolgen. Wichtig ist, daß die Spargelstangen nach der Hälfte der Garzeit umgeschichtet werden, damit sie gleichmäßig und gleichzeitig gar werden. Ein großer Vorteil ist, daß Sie beim Garen mit der Mikrowelle nur wenig Wasser benötigen. Das Gemüse wird dadurch nicht ausgelaugt und behält sein volles Aroma.
Da die Qualität und die Dicke der Spargelstangen sehr unterschiedlich sein kann, sollten Sie die angegebene Garzeit nur als Richtlinie betrachten. Am besten prüfen Sie den Garzustand mit einer Gabel oder einem spitzen Messer. Manche, die schon oft Spargel gegart haben, können auch mit einem Fingerdruck feststellen, ob er gar ist. Wenn nötig, verlängern Sie die Garzeit um einige Minuten. Wichtig ist, daß der Spargel nach dem Garen 5–10 Minuten stehenbleibt.
In dieser Zeit können Sie dann in Ruhe die Sauce zubereiten. Die Orangen-Buttersauce wird nach demselben Prinzip zubereitet wie eine Sauce hollandaise und ist in 4 1/2 Minuten gegart. Das sonst obligate Wasserbad entfällt bei der Zubereitung und diese heikle Sauce gelingt sogar Kochneulingen auf Anhieb. Buttersaucen lassen sich auch wieder erwärmen – 1 Minute bei 490 (500) Watt. Dies ist bei Buttersaucen nach konventionellen Rezepten nicht möglich.

1. Das holzige Ende der Spargelstangen wegschneiden. Die Stangen am unteren Drittel dünn schälen. Den Spargel gründlich waschen, und abtropfen lassen.

2. Den Spargel in eine Schale legen. Das Wasser mit dem Zucker, Salz und der Butter bei 600 (500) Watt in 1 (1 1/4) Minute erwärmen. Dann über den Spargel gießen. Den Spargel mit Klarsichtfolie abdecken. Diese mit einem Messer einstechen.

3. Den Spargel 5 (5 1/2) Minuten bei 600 (500) Watt garen. Die Schale dann aus dem Gerät nehmen und die Spargelstangen wenden. Dabei die unten liegenden nach oben geben. Den Spargel nochmals 5 (5 1/2) Minuten bei 600 (500) Watt garen.

4. Den Spargel etwa 10 Minuten stehenlassen. Inzwischen für die Sauce die Orange auspressen.

5. Die Orangenschale und den -saft mit der Schalotte in einer kleinen Schüssel bei 600 (500) Watt 3 (3 1/2) Minuten einkochen lassen. Es sollen 2 Eßlöffel übrig bleiben. Etwas abkühlen lassen. Die Butter bei 490 (500) Watt in 1 (1 1/4) Minute schmelzen.

6. Den eingekochten Orangensaft durch ein Sieb gießen. Die Masse mit einem Löffel audrücken.

7. Den Orangensaft mit dem Eigelb, dem Zitronensaft und wenig Salz und Pfeffer leicht schaumig schlagen.

8. Die Sauce offen 15 Sekunden bei 360 Watt stocken lassen. Dann gut durchrühren und weitere 15 Sekunden offen bei 360 Watt garen.

9. Die Sauce mit dem Schneebesen gut durchschlagen, dann die flüssige Butter und den Orangenlikör langsam unterrühren. Die Sauce mit Salz und Pfeffer abschmecken und zum abgetropften Spargel servieren.

10. Den Spargel auf vorgewärmte Teller verteilen und mit der Sauce begießen.

Gefüllte Auberginen mit Schweinefleisch

Ein besonders beliebtes Gemüse

Für 2 Personen

3 Eßl. Olivenöl
2 mittelgroße, möglichst runde Auberginen
2 Eßl. Zitronensaft
1 Zwiebel
1/2 grüne Paprikaschote
200 g Schweinehackfleisch
1 Eßl. Petersilie, fein gehackt
1 Teel. Majoran
Salz, frisch gemahlener Pfeffer
6 Eßl. Fleischbrühe
2 Eßl. vollfetter Käse (zum Beispiel Greyerzer), frisch gerieben

Arbeitsaufwand: etwa 30 Minuten
Garzeit: 32 1/2 (35 3/4) Minuten
Nährwert: etwa 2100 kJ/ 500 kcal je Person

1. Eine flache mikrowellengeeignete Form mit Deckel mit 1 Eßlöffel Olivenöl ausstreichen.

2. Die Auberginen längs halbieren. Die Schnittflächen sofort mit dem Zitronensaft beträufeln. Das Auberginenfleisch mit einem spitzen Messer gitterförmig einritzen.

3. Die Auberginen mit den Schnittflächen nach unten in die Form legen und zugedeckt 3 (3 1/2) Minuten bei 600 (500) Watt garen. Die Auberginen dann aus dem Gerät nehmen und einige Minuten zugedeckt stehenlassen.

4. Inzwischen die Zwiebel hacken. Die Paprikahälfte waschen, von den Trennwanden und den Kernen befreien und in sehr kleine Würfel schneiden.

5. Eine Bräunungsplatte 4 (4 1/2) Minuten bei 600 (500) Watt vorheizen. Das restliche Olivenöl hineingeben und 2 (2 1/2) Minuten bei 600 (500) Watt erhitzen.

6. Das Schweinehackfleisch mit einer Gabel lockern und auf der Bräunungsplatte verteilen. Das Hackfleisch 2 (2 1/2) Minuten bei 600 (500) Watt garen. Das Fleisch dann durchrühren und noch einmal 1 1/2 (1 3/4) Minuten bei 600 (500) Watt garen.

7. Die Zwiebel und die Paprikawürfel unter das Fleisch mischen und zugedeckt bei 600 (500) Watt 1 1/2 (1 3/4) Minuten garen.

8. Das weiche Fruchtfleisch der vorgegarten Auberginen mit einem kleinen Löffel aus den Schalen lösen. Das Fruchtfleisch zerdrücken und unter die Schweinefleischmischung rühren. Die Petersilie und den Majoran untermischen und die Füllung mit Salz und Pfeffer abschmecken.

9. Die Füllung zugedeckt bei 600 (500) Watt 1 1/2 (1 3/4) Minuten garen.

10. Die Füllung in die ausgehöhlten Auberginenhälften füllen. Die Auberginen in eine mikrowellengeeignete Form mit Deckel legen und mit der Fleischbrühe umgießen.

11. Die Auberginen zugedeckt bei 490 (500) Watt 15 Minuten garen.

12. Die Auberginen dann mit dem Käse bestreuen und weitere 2 (2 1/2) Minuten bei 600 (500) Watt offen garen, bis der Käse zerlaufen ist.

13. Dazu schmeckt Naturreisrisotto (Rezept Seite 100, Rotwein durch Weißwein ersetzen).

Meine Tips: Sie können die gefüllten Auberginen, wie auf dem Foto abgebildet, auch mit Käsescheiben belegen, in die Fettpfanne legen und unter den vorgeheizten Grill schieben, bis der Käse gebräunt ist.
Paprikaschoten, Zwiebeln und Tomaten lassen sich auch auf diese Art zubereiten. Die Tomaten müssen nicht vorgegart werden.

Gemischtes Gemüse mit Sahnesauce

Delikates für Gemüsefreunde

Für 2 Personen

1 kleiner Blumenkohl von 400–500 g
Salz
150 g junge, zarte Möhren/Karotten
150 g weiße Rübchen (Navets oder Teltower Rübchen) oder Kohlrabi
1 Zucchino (150 g)
2–3 Eßl. Wasser
6 Eßl. saure Sahne/saurer Rahm
1 Eßl. Butter
1 Eigelb
1/2 Eßl. trockener Wermut oder Sherry
1–2 Teel. Zitronensaft
frisch gemahlener weißer Pfeffer
1/2 Teel. Zucker
1/2 Eßl. Schnittlauch oder Kerbel, fein geschnitten

Arbeitsaufwand: etwa 30 Minuten
Garzeit: 17 1/2–18 (20–20 1/2) Minuten
Nährwert: etwa 1200 kJ/290 kcal je Person

1. Den Blumenkohl putzen und waschen. Die unteren Röschen abtrennen, damit der Kopf etwas kleiner wird.

2. Den Blumenkohl mit den Röschen nach unten etwa 10 Minuten in Salzwasser legen, damit eventuell vorhandenes Ungeziefer oder Unreinheiten entfernt werden.

3. Inzwischen die Möhren und die Rübchen oder den Kohlrabi schälen. Das Gemüse in abgerundete, kleinfingerdicke Stäbchen schneiden. Den Zucchino waschen, abtrocknen und ungeschält ebenfalls in Stäbchen schneiden.

4. Die Blumenkohlröschen abtrennen und mit den Möhren sowie den Rübchen oder dem Kohlrabi in eine mikrowellengeeignete Form mit Deckel geben. Das Wasser angießen.

5. Das Gemüse zugedeckt bei 600 (500) Watt 9 (10 1/2) Minuten garen. Dann die Zucchinistäbchen untermischen und alles weitere 6 (6 1/2) Minuten zugedeckt bei 600 (500) Watt garen.

6. Das Gemüse aus dem Gerät nehmen, würzen und zugedeckt beiseite stellen.

7. Die saure Sahne mit der Butter in ein kleines mikrowellengeeignetes Gefäß geben und bei 600 (500) Watt 2 (2 1/2) Minuten erhitzen. Dann gut durchrühren.

8. Das Eigelb mit dem Wermut oder dem Sherry verquirlen. Die Sahne-Buttermischung unter Rühren untermengen.

9. Die Sauce 1/2 Minute bei 360 Watt erhitzen. Dann sofort gründlich durchrühren. Sollte die Sauce noch nicht sämig sein, noch einmal bei 360 Watt 1/2 Minute erhitzen.

10. Die Sauce glattrühren, dann mit dem Zitronensaft, Salz, Pfeffer und dem Zucker abschmecken.

11. Den Blumenkohl in die Mitte einer vorgewärmten Platte setzen. Das restliche Gemüse rundherum anordnen. Das Gemüse mit einem Teil der Sauce übergießen und mit dem Schnittlauch oder dem Kerbel bestreuen. Die restliche Sauce getrennt dazu servieren.

Meine Tips: Diese Sauce schmeckt auch zu Spargel oder zu Artischocken. Sie ist ein leichter Ersatz für die Sauce hollandaise.
Durch Beigabe von etwas Fleischextrakt und 1 Eßlöffel feingehacktem Estragon können Sie eine ähnliche Sauce wie die Sauce béarnaise zubereiten.

Rotweinrisotto mit Broccoli

Durch Naturreis besonders herzhaft

Für 2 Personen

120 g Natur-Rundkornreis
300 g Broccoli
1 1/2 Eßl. kaltgepreßtes Olivenöl
Salz, frisch gemahlener Pfeffer
2 1/2 Eßl. Butter
1 kleine Zwiebel
1/2 Lorbeerblatt
2 Knoblauchzehen
1 Gewürznelke
350 ccm (0,35 l) kräftiger Rotwein (zum Beispiel Merlot, Rioja oder Barolo)
1/4 l Hühnerbrühe

Quellzeit: über Nacht
Arbeitsaufwand: etwa 20 Minuten
Garzeit: 62 (64) Minuten
Nährwert: etwa 2700 kJ/ 640 kcal je Person

1. Den Reis am Vorabend in eine Schüssel geben, mit Wasser bedecken und über Nacht quellen lassen.

2. Am nächsten Tag den Broccoli waschen und die Röschen von den Stengeln schneiden. Die Stengel schälen und in etwa 1/2 cm dicke Scheiben schneiden.

3. Die Broccolischeiben in eine mikrowellengeeignete Form mit Deckel legen. Die Röschen darauf verteilen. Etwa 1/2 Eßlöffel Olivenöl darüber träufeln. Den Broccoli mit Salz und Pfeffer würzen und mit 5 Eßlöffeln Wasser begießen.

4. Den Broccoli zugedeckt bei 490 (500) Watt 7 Minuten garen. Den Broccoli dann aus dem Gerät nehmen und zugedeckt stehenlassen, bis er wieder gebraucht wird.

5. 1 Eßlöffel Butter in ein mittelgroßes, mikrowellengeeignetes Gefäß geben und offen bei 600 (500) Watt in 1 1/2 (1 3/4) Minuten schmelzen lassen.

6. Die Zwiebel hacken, zur Butter geben und 2 (2 1/2) Minuten bei 600 (500) Watt offen andünsten.

7. Den Reis abtropfen lassen und mit dem Lorbeerblatt, dem durchgepreßten Knoblauch und der Gewürznelke zu der Zwiebel geben. Alles gut durchrühren und offen 1 (1 1/4) Minute bei 600 (500) Watt erhitzen.

8. Den Rotwein angießen und zugedeckt in 7 (8) Minuten bei 600 (500) Watt etwas einkochen lassen.

9. Den Reis gut durchrühren und die Hühnerbrühe untermischen. Den Reis zugedeckt bei 490 (500) Watt etwa 42 Minuten garen. Dabei den Garprozeß zwischendurch zweimal unterbrechen und den Reis gründlich durchrühren.

10. Die restliche Butter in kleine Flöckchen schneiden und unter den Reis ziehen. Den Reis mit Salz und Pfeffer abschmecken und im geschlossenen Gefäß etwa 5 Minuten stehenlassen.

11. Inzwischen den Broccoli zugedeckt bei 490 (500) Watt in 1 1/2 Minuten erwärmen.

12. Die Stiele und die Hälfte der Röschen unter den Reis heben. Den Risotto auf vorgewärmten Tellern anrichten, mit den restlichen Röschen belegen und mit dem restlichen Öl beträufeln.

Meine Tips: Die Garzeit des Reises kann je nach Sorte und Qualität unterschiedlich sein. Den Reis deshalb nach der angegebenen Zeit probieren und eventuell nachgaren. Außerdem nehmen die unterschiedlichen Sorten verschieden viel Flüssigkeit auf. Es kann also sein, daß Sie etwas Hühnerbrühe nachgießen müssen. Der Reis sollte leicht suppig sein. Nach Belieben können Sie mit der Butter 1–2 Eßlöffel geriebenen Käse unter den Reis ziehen.

GEMÜSE NACH SIZILIANISCHER ART

Schmeckt zu gegrilltem Fleisch

Für 4 Personen

1 mittelgroße Aubergine (etwa 300 g)
6 Eßl. Olivenöl
1 Zwiebel
2 große Tomaten
Salz, frisch gemahlener Pfeffer
1 Stange Staudensellerie
50 g schwarze oder grüne Oliven
6 Eßl. Weißweinessig
1 Eßl. Zucker
1/2 Lorbeerblatt

Arbeitsaufwand: etwa 30 Minuten
Garzeit: 31 (35 1/2) Minuten
Nährwert: etwa 960 kJ/ 230 kcal je Person

1. Die Aubergine waschen. Die Haut mit einem Schälmesser entfernen, dann die Aubergine in etwa 7 mm dicke Scheiben schneiden. Die Auberginen auf Küchenpapier ausbreiten, mit Salz bestreuen und 10 Minuten ruhen lassen. Dann den braunen, ausgetretenen Saft mit Küchenpapier abtupfen.

2. Eine große Bräunungsschale mit 2 Eßlöffeln Olivenöl bestreichen und bei 600 (500) Watt 5 (5 1/2) Minuten vorheizen.

3. Die Hälfte der Auberginenscheiben auf die Bräunungsplatte geben. Die Auberginen 1 1/2 (1 3/4) Minuten bei 600 (500) Watt braten, dann wenden und noch einmal 1 1/2 (1 3/4) Minuten bei 600 (500) Watt braten.

4. Die Auberginenscheiben von der Platte nehmen. Noch einmal 2 Eßlöffel Olivenöl auf die Platte geben.

5. Die restlichen Auberginenscheiben auf die Bräunungsplatte legen und 2 (2 1/2) Minuten bei 600 (500) Watt braten. Die Auberginen ebenfalls wenden und noch einmal 2 (2 1/2) Minuten bei 600 (500) Watt braten.

6. Die gebratenen Auberginenscheiben vierteln. Die Zwiebel hacken.

7. Das restliche Olivenöl auf die Bräunungsplatte geben und 1 1/2 (1 3/4) Minuten bei 600 (500) Watt erhitzen. Die Zwiebel darauf geben und offen bei 600 (500) Watt 1 1/2 (1 3/4) Minuten andünsten.

8. Inzwischen die Tomaten mit kochendem Wasser überbrühen, häuten, halbieren und von den Kernen und den Stielansätzen befreien. Die Tomaten dann würfeln.

9. Die Tomaten zu den Zwiebeln geben, mit Salz und Pfeffer würzen und offen bei 600 (500) Watt 8 (9) Minuten garen.

10. Inzwischen den Staudensellerie putzen, waschen und in kleine Würfel schneiden. Die Oliven entsteinen und ebenfalls kleinschneiden.

11. Den Essig mit dem Zucker, dem Lorbeerblatt, den Oliven und dem Sellerie in einer anderen mikrowellengeeigneten Form mischen und zugedeckt bei 600 (500) Watt 8 (9) Minuten garen.

12. Die beiden Gemüsemassen und die Auberginen mischen und nach Geschmack mit Salz und Pfeffer abschmekken.

13. Das Gemüse abkühlen lassen und kalt als Beilage servieren. Sie können es aber auch warm servieren, zum Beispiel zu einem Risotto.

Mein Tip: In Süditalien serviert man diese Beilage (Caponata) nicht nur zu Fleisch, sondern auch gemischt mit Tintenfischen, Garnelen und Scampi sowie entgräteten, gegrillten Sardinen. Auf diese Art zubereitet, wird die Caponata zu einer originellen Vorspeise. Ohne diese Beigaben wird die einfache Variante in Süditalien Caponatina genannt.

Gemüse mit verlorenen Eiern und Knoblauchsauce

Ein Gericht für Knoblauchliebhaber

Für 2 Personen

Für die Sauce:
100 g Mayonnaise (möglichst selbstgemacht)
2 Eßl. Weißwein
50 g Magerquark oder fettarmer Frischkäse
4 Knoblauchzehen
Für das Gemüse:
2 Artischocken
1 Eßl. Zitronensaft
Salz
1 Fenchelknolle
2 Möhren/Karotten
2 mittelgroße Kartoffeln
200 g Zuckerschoten/Kefen
1/2 Teel. Essig
2 Eier

Arbeitsaufwand: etwa 35 Minuten
Garzeit: 32–34 (35 –37 1/2) Minuten
Nährwert: etwa 2300 kJ/550 kcal je Person

1. Für die Sauce die Mayonnaise mit dem Weißwein und dem Quark oder dem Frischkäse mischen. Den Knoblauch durch die Presse dazudrücken und untermischen.

2. Die Artischocken vom Stiel und den äußeren Blättern befreien. Das obere Drittel der Artischocken wegschneiden und das Heu entfernen. Die Schnittflächen der Artischocken mit dem Zitronensaft beträufeln.

3. 1/4 l heißes Wasser mit Salz in einer mikrowellengeeigneten Form mit Deckel mischen. Die Artischocken hineingeben und zugedeckt 8 (9) Minuten bei 600 (500) Watt garen.

4. Die Artischocken dann bei 490 (500) Watt weitere 8 Minuten zugedeckt garen. Die Artischocken aus dem Gerät nehmen und bis zum Servieren zugedeckt stehenlassen.

5. Während die Artischocken garen, die Fenchelknolle putzen und längs halbieren. Die Möhren und die Kartoffeln schälen. Die Möhren längs halbieren, die Kartoffeln vierteln.

6. Den Fenchel mit 1/4 l Wasser und wenig Salz in eine mikrowellengeeignete Form mit Deckel geben und zugedeckt bei 600 (500) Watt 3 (3 1/2) Minuten garen.

7. Die Möhren und die Kartoffeln zum Fenchel geben und alles zugedeckt weitere 7 (8) Minuten bei 600 (500) Watt garen. Das Gemüse dann aus dem Gerät nehmen und einige Minuten zugedeckt stehenlassen.

8. Inzwischen die Zuckerschoten entfädeln und waschen. Die Schoten mit 1/8 l Wasser und Salz in eine mikrowellengeeignete Form mit Deckel geben und zugedeckt bei 600 (500) Watt 5 (5 1/2) Minuten garen. Die Zuckerschoten zugedeckt beiseite stellen.

9. Den Essig mit 4 Eßlöffeln Wasser in eine kleine mikrowellengeeignete Schale geben und zugedeckt bei 600 (500) Watt 1/2 (3/4) Minute erhitzen.

10. Die Eier aufschlagen, in das Essigwasser geben und zugedeckt 1/2 Minute bei 360 Watt garen. Die Eier zugedeckt noch etwas in der Flüssigkeit ziehen lassen.

11. Das gesamte Gemüse abtropfen lassen und auf vorgewärmte Teller verteilen. Die Eier auf Küchenpapier abtropfen lassen, dann zum Gemüse geben.

12. Sollte das Gemüse inzwischen kalt geworden sein, jeden Teller (ohne die Eier) mit einer Haube abdecken und jeweils 1 (1 1/4) Minute bei 600 (500) Watt erwärmen.

13. Das Gemüse lauwarm servieren und die Sauce getrennt dazu reichen.

Meine Tips: Wenn Sie Knoblauch nicht so gerne mögen, können Sie ihn durch frisch gehackte Kräuter ersetzen.
Sie können dieses Gericht je nach Saison nach Belieben noch mit anderen Gemüsesorten anreichern, wie zum Beispiel Staudensellerie, Rosenkohl oder Chinakohl.
Die Eier lassen sich durch gekochtes Rindfleisch oder Hühnerbrüstchen ersetzen.

AUFLÄUFE UND GRATINS

Mit der Mikrowelle bißfest gegart und unter dem Grill knusprig gratiniert. Aufläufe und Gratins sind mit der Mikrowelle in etwa der Hälfte der Zeit zubereitet und schmecken köstlich. Lassen Sie sich überzeugen mit Spinatgratin mit Champignons, Mangoldgratin mit Tomaten oder den anderen knusprigen Köstlichkeiten in diesem Kapitel.

Mangoldgratin mit Tomaten

Ein interessantes Gratin, einfach zuzubereiten

Für 2 Personen

500 g Mangold (Stiele mit Blättern)
1 Eßl. Zitronensaft
1/2 l heißes Wasser
Salz
1 Schalotte
2 reife Tomaten
2 Teel. Butter
125 g Sahne/Rahm
frisch gemahlener Pfeffer, geriebene Muskatnuß
1 Knoblauchzehe
1 Eßl. kräftiger Käse (zum Beispiel Greyerzer), frisch gerieben

Arbeitsaufwand: etwa 30 Minuten
Garzeit: 37 (41 3/4) Minuten
Nährwert: etwa 1300 kJ/ 310 kcal je Person

1. Den Mangold waschen. Die Blätter von den Stielen schneiden und beiseite legen. Von den Mangoldstielen die Fasern gründlich abziehen. Die Stiele in kleine Vierecke schneiden. Wasser mit dem Zitronensaft mischen und die Krautstiele kurz hineinlegen.

2. Das heiße Wasser mit Salz in einer großen mikrowellengeeigneten Form mit Deckel mischen. Das Wasser zugedeckt bei 600 (500) Watt in 5 (5 1/2) Minuten aufkochen lassen.

3. Die Mangoldstiele in das Wasser geben und zugedeckt bei 600 (500) Watt in 10 (11 1/2) Minuten garen. Die Stiele dann aus dem Gerät nehmen und zugedeckt beiseite stellen.

4. Während der Mangold gart, die Schalotte fein hacken. Die Tomaten in kochendes Wasser tauchen, kalt abschrecken und häuten. Die Tomaten vom Stielansatz, den Kernen und dem Saft befreien und kleinschneiden.

5. 2 Mangoldblätter in feine Streifen schneiden. Die Mangoldblätter mit der Hälfte der Butter und der Schalotte in eine mikrowellengeeignete Form geben und bei 600 (500) Watt offen 1 (1 1/4) Minute andünsten.

6. Die Tomaten hinzufügen und 3 (3 1/2) Minuten bei 600 (500) Watt offen andünsten.

7. Die Mangoldstiele abgießen, dabei den Garfond auffangen.

8. 5 Eßlöffel des Garfonds abmessen und in eine mikrowellengeeignete Form geben und offen 3 (3 1/2) Minuten bei 600 (500) Watt einkochen lassen. Die Sahne unterrühren und alles bei 600 (500) Watt in 11 (12 1/2) Minuten sämig einkochen lassen.

9. Die Sauce mit Salz, Pfeffer und Muskat abschmecken. Die Knoblauchzehe durch die Presse dazudrücken.

10. Eine flache feuerfeste Form mit der restlichen Butter ausstreichen. Die Sahnesauce hineingeben. Die Mangoldstiele mit den Blättern und den Tomaten mischen und in die Form geben. Den Käse darüber streuen.

11. Den Grill des Kombinationsgerätes oder des Backofens vorheizen. Den Gratin in die obere Schiene des Gerätes geben und ohne Zuschaltung von Mikrowelle etwa 4 Minuten überbacken.

12. Den Gratin in der Form servieren.

Meine Tips: Wenn Sie gerne mehr Sauce möchten, können Sie mehr Garfond und Sahne verwenden. In diesem Fall müssen Sie die Sauce mit 1 Eßlöffel Mehlbutter (je 1/2 Eßlöffel Butter und Mehl verkneten) binden.
Vor allem in der Schweiz wissen viele Leute nicht, daß man Mangoldblätter ähnlich wie Spinat verwenden kann. Sie können damit Suppen, Gemüse oder Krautrouladen zubereiten. Mangoldblätter haben einen kräftigen, leicht bitteren Geschmack.

Varianten: Sie können die Tomaten weglassen. Statt der Schalotte dann 1 größere gehackte Zwiebel nehmen und in der Butter andünsten. Die Zwiebel mit der Sahnesauce pürieren, dann mit den Mangoldstielen mischen. Die Zwiebel bindet die Sauce. Sie können zusätzlich aber noch etwas geriebenen Käse untermischen.
Als Hauptgericht schmeckt das Gratin mit Spiegeleiern.

Kartoffelauflauf mit Hackfleisch

Wird mit fertigem Kartoffelpüree zubereitet

Für 2 Personen

1 Zwiebel
1/2 Möhre/Karotte
1 kleine Tomate
1 Eßl. Butterschmalz/ Bratbutter
250 g Hackfleisch (halb Schwein, halb Kalb)
Salz, frisch gemahlener Pfeffer
2 Eßl. Weißwein
2 Eßl. Fleischbrühe
1 1/2 Eßl. Petersilie, frisch gehackt
1 Teel. Majoran, frisch gehackt
2 Messerspitzen Fleischextrakt (ersatzweise 1 Eßl. kräftige Fleischbrühe)
1 Eßl. Weinbrand oder Cognac
Butter für die Form
2 Portionen Kartoffelpüree
1 Eßl. Butter

Arbeitsaufwand:
etwa 30 Minuten
Garzeit:
27 (30 1/2) Minuten
Nährwert:
etwa 2600 kJ/ 620 kcal je Person

1. Die Zwiebel fein hacken. Die Möhre schälen und kleinschneiden. Die Tomate mit kochendem Wasser überbrühen, kalt abschrecken und häuten. Die Tomate vom Stielansatz befreien und ebenfalls kleinschneiden.

2. Eine Bräunungsschale 4 (4 1/2) Minuten bei 500 (500) Watt vorheizen. Das Butterschmalz darauf geben und offen bei 600 (500) Watt 2 (2 1/2) Minuten erhitzen.

3. Das Hackfleisch mit einer Gabel lockern und auf die Bräunungsschale geben. Das Hackfleisch mit Salz und Pfeffer würzen und offen bei 600 (500) Watt 1 (1 1/4) Minute anbraten. Das Hackfleisch dann durchrühren und noch einmal 1 1/2 (1 3/4) Minuten bei 600 (500) Watt braten.

4. Die Zwiebel, die Möhre und die Tomate unter das Fleisch mischen und alles noch einmal 4 (4 1/2) Minuten zugedeckt bei 600 (500) Watt garen.

5. Den Weißwein, die Fleischbrühe, die Petersilie, den Majoran, den Fleischextrakt und den Weinbrand oder Cognac untermischen und alles offen noch einmal 8 (9) Minuten bei 600 (500) Watt garen.

6. Eine feuerfeste mikrowellengeeignete Form mit Butter ausstreichen. Ein Drittel des Kartoffelpürees hineingeben, mit einem Drittel der Fleischmischung bedekken und wieder mit Kartoffelpüree bedecken. Die restlichen Zutaten ebenso einschichten. Die oberste Fleischschicht mit einer Gabel etwas in das Kartoffelpüree drücken. Das Gratin mit der Butter in kleinen Flöckchen belegen.

7. Das Gratin zugedeckt 2 1/2 (3) Minuten bei 600 (500) Watt erwärmen.

8. Den Grill des Kombinationsgerätes oder des Backofens vorheizen.

9. Das Gratin auf dem Rost in die obere Schiene des Gerätes geben und ohne Zuschaltung von Mikrowellen etwa 4 Minuten überbacken, bis es schön gebräunt ist.

Meine Tips: Für dieses Gratin eignet sich statt Hackfleisch auch bereits gegartes Fleisch wie zum Beispiel von einem Braten, von Siedefleisch, von Geflügel oder Lamm. In diesem Fall das Fleisch kleinschneiden und nur ganz kurz mit den restlichen Zutaten garen.
Sie können aber auch ganz auf das Fleisch verzichten und statt dessen gedünstetes Gemüse mit einer dicken Tomatensauce oder auch einer Käsesauce (Béchamelsauce, mit Käse gemischt) mit dem Kartoffelpüree in die Form schichten.

Gratinierte Zucchini mit Sardellen

Mein liebstes Gratin aus der Mikrowelle

Für 2 Personen

3 reife Tomaten
3 kleine Zucchini
1 Zwiebel
4 Eßl. Olivenöl
2 Sardellenfilets (in Öl eingelegt)
2 Eßl. gemischte Kräuter (zum Beispiel Rosmarin, Basilikum, Kerbel, Bohnenkraut, Majoran, Salbei, Thymian und Fenchelkraut), frisch gehackt
1/2 Teel. Zucker
Salz, frisch gemahlener Pfeffer
1/2 Eßl. Petersilie, frisch gehackt
1 Knoblauchzehe
1 Eßl. würziger Käse (zum Beispiel Greyerzer), frisch gerieben

Arbeitsaufwand:
etwa 20 Minuten
Garzeit:
24 (27) Minuten
Nährwert:
etwa 1200 kJ/ 290 kcal je Person

1. Die Tomaten mit kochendem Wasser überbrühen, kalt abschrecken und häuten. Die Tomaten halbieren, vom Stielansatz und den Kernen befreien und in kleine Stücke schneiden. Die Zucchini waschen und ungeschält in dünne Scheiben schneiden. Die Zwiebel fein hacken.

2. Etwa 1 1/2 Eßlöffel Olivenöl in eine mikrowellengeeignete Form mit Deckel geben und offen bei 600 (500) Watt 1 1/2 (1 3/4) Minuten erhitzen.

3. Die Zwiebel zum Öl geben und 2 (2 1/2) Minuten bei 600 (500) Watt offen andünsten.

4. Inzwischen die Sardellen abtropfen lassen und fein hacken.

5. Die Sardellen mit den Tomaten und den Kräutern mit der angedünsteten Zwiebel mischen. Alles mit dem Zucker, Salz und Pfeffer abschmecken und 8 (9) Minuten zugedeckt bei 600 (500) Watt garen. Das Gemüse dann aus dem Gerät nehmen und zugedeckt stehenlassen.

6. Eine Bräunungsschale mit 2 Eßlöffeln Olivenöl 5 (5 1/2) Minuten bei 600 (500) Watt erhitzen. Die Zucchinischeiben auf eine Seite der Schale verteilen und 1 (1 1/4) Minute bei 600 (500) Watt braten. Die Zucchini dann auf die unbenutzte Seite der Schale wenden und 1 1/2 (1 3/4) Minuten bei 600 (500) Watt weiterbraten.

7. Die Zucchinischeiben von der Schale nehmen und auf Küchenpapier abfetten lassen.

8. Die Petersilie und den Knoblauch in die Schale geben und 1 (1 1/4) Minute bei 600 (500) Watt braten. Dann unter das Tomatenmus mischen.

9. Den Grill des Kombinationsgerätes oder des Backofens vorheizen.

10. Eine flache feuerfeste Form mit dem restlichen Olivenöl ausstreichen. Lagenweise das Tomatenmus und die Zucchini einfüllen. Die Zucchini dabei mit Salz und Pfeffer bestreuen. Den Käse darauf verteilen.

11. Das Gratin auf dem Rost in die obere Schiene des Gerätes geben und etwa 4 Minuten ohne Zuschaltung von Mikrowelle grillen.

Meine Tips: Statt der frischen Kräuter können Sie auch etwa 1 Teelöffel getrocknete Kräuter der Provence verwenden.
Das Tomatenmus sollten Sie sparsam und vorsichtig würzen. Denken Sie daran, daß die Sardellen bereits Salz enthalten.

Varianten: Die Zucchini dachziegelartig mit Auberginenscheiben in die Form schichten. In diesem Fall die Auberginenscheiben ebenfalls anbraten, und zwar etwas länger als die Zucchini.
Das Tomatenmus schmeckt auch als Sauce für Spaghetti oder andere Nudeln.
Statt Greyerzer können Sie auch Sbrinz, Parmesan oder Pecorino verwenden. Den Gratin dann vor dem Überbacken mit einigen Butterflocken bestreuen.

Spinatgratin mit Champignons

Ein festliches Gratin aus einfachen Zutaten

Für 2 Personen

400 g Blattspinat
6 Eßl. Wasser
2 Eßl. Schalotten, fein gehackt
1 Eßl. Butter
150 g Champignons
Salz, frisch gemahlener Pfeffer
1 Prise Salbeipulver
1 Knoblauchzehe
Für die Sauce:
2 Eßl. Butter
1 1/2 Eßl. Mehl
1/4 l Milch (oder Milch und Sahne/Rahm zu gleichen Teilen gemischt)
Salz, frisch gemahlener Pfeffer
50 g Greyerzer, frisch gerieben
geriebene Muskatnuß

Arbeitsaufwand: etwa 25 Minuten
Garzeit: 18 (20 3/4) Minuten
Nährwert: etwa 2000 kJ/ 480 kcal je Person

Spinat ist ein ausgesprochen schmackhaftes, aber auch empfindliches Gemüse, das besonders schonend gegart werden sollte, damit die Nährstoffe und Vitamine gut erhalten bleiben. Vor allem das in Spinat enthaltene Vitamin C ist sehr hitzeempfindlich. Für viele Gerichte wird Spinat vorgekocht, das heißt kurz in kochendem Wasser blanchiert. Wenn man ihn dann noch in Eiswasser abschreckt, behält er seine schöne grüne Farbe zwar, wird aber auch etwas ausgelaugt.
In der Mikrowelle dagegen läßt sich Spinat mit sehr wenig Flüssigkeit »blanchieren«. Die Garzeit beträgt je nach Sorte 5–10 Minuten. Je nach Jahreszeit bekommen Sie entweder den zarten, kleinblättrigen Schnittspinat oder (in den kälteren Monaten) den etwas festeren Wurzelspinat mit größeren Blättern.
Spinat sollten Sie immer ganz frisch einkaufen, denn bei längerem Lagern verliert er sehr schnell an Vitamin C. Außerdem sollten Sie ihn nach dem Einkauf natürlich auch bald verbrauchen und nicht zu Hause lagern. Nach Erkenntnissen von Ernährungswissenschaftlern sollte gegarter Spinat nicht mehr wieder erwärmt werden, da er danach für Magen-Darm-Empfindliche unverträglich wird.
Spinatblätter enthalten viel Wasser, was bei der Zubereitung vieler Gerichte von Nachteil ist. Beim Spinatgratin müssen die vorgegarten Blätter mit den Händen gut ausgedrückt werden, damit der austretende Spinatsaft die Sauce nicht verwässert. Für dieses Gericht können Sie auch tiefgefrorenen Spinat verwenden. Vor der Zubereitung müssen Sie ihn nur auftauen. 300 g brauchen etwa 5 Minuten bei Auftaustufe und anschließend mindestens 5 Minuten Ruhezeit. Auch tiefgefrorener, aufgetauter Spinat muß gut ausgedrückt werden, da er ebenfalls viel Flüssigkeit enthält.
Sie können das Gratin etwa 1 Stunde vor dem Überbacken vorbereiten und erst unmittelbar vor dem Servieren fertigstellen. In diesem Fall das Gratin schon beim Vorheizen des Grills mit in das Gerät oder den Backofen schieben, damit die Zutaten schön warm werden.
Der Spinat schmeckt auch sehr gut, wenn Sie ihn einfach mit der Sauce mischen und nicht überbacken. Er eignet sich dann hervorragend als Beilage.
Statt Spinat können Sie für das Gratin auch Mangoldblätter, die Sie in feine Streifen schneiden, verwenden. Ein Mangoldgratin schmeckt sehr aromatisch und leicht bitter.
Eine weitere Verwendungsmöglichkeit ist Wirsing. In diesem Fall können Sie die Champignons weglassen und statt dessen etwa 50 g sehr fein gehackten Magerspeck in der Mikrowelle kurz andünsten und dann mit dem Wirsing mischen.

1. Den Spinat verlesen und gegebenenfalls von den Stielen befreien, dann waschen und gut abtropfen lassen.

2. Den Spinat mit dem Wasser in ein großes Mikrowellengefäß geben und zugedeckt bei 600 (500) Watt 10 (11 1/2) Minuten garen. Nach der Hälfte der Zeit durchrühren und lokkern.

3. Die Schalotten und die Butter in einer kleinen mikrowellengeeigneten Schüssel bei 600 (500) Watt offen 1 (1 1/4) Minute andünsten.

4. Die Champignons putzen, in Scheiben schneiden und mit den Schalotten mischen. Alles 2 (2 1/2) Minuten offen bei 600 (500) Watt dünsten.

5. Den Spinat gut ausdrücken, mit den Champignons mischen und mit Salz, Pfeffer und dem Salbeipulver bestreuen.

6. Die Knoblauchzehe aufschneiden und auf eine Gabel stecken. Den Spinat mit der Gabel gut durchmischen.

7. Für die Sauce die Butter mit dem Mehl in ein hohes Gefäß geben und zugedeckt 1 (1 1/4) Minute bei 600 (500) Watt garen. Die Milch gründlich unterrühren. Alles zugedeckt 1 (1 1/4) Minuten bei 600 (500) Watt kochen. Die Sauce gut durchrühren.

8. Die Sauce salzen und pfeffern, mit 2 Eßlöffeln Käse und Muskat abschmecken. Die Hälfte der Sauce unter den Spinat mischen.

9. Den Spinat in eine flache feuerfeste Form füllen, mit der restlichen Sauce bedekken und mit dem restlichen Käse bestreuen.

10. Den Grill des Kombinationsgerätes oder des Backofens vorheizen. Den Spinat in die obere Schiene des Gerätes geben und etwa 3 Minuten überbacken. Das Gratin in der Form servieren.

TOMATENAUFLAUF MIT QUARK

Ein leichter Auflauf mit vielen Kräutern

Für 4 Personen

700 g reife, sehr rote Tomaten
Salz
3 Eier
150 g Sahne- oder Magerquark
4 Eßl. Sahne/Rahm
200 g Käse (Greyerzer oder Fontina), frisch gerieben
2 Eßl. gemischte Kräuter (zum Beispiel Rosmarin, Bohnenkraut und Thymian), frisch gehackt
1 Knoblauchzehe
frisch gemahlener Pfeffer
Butter für die Form
8 Basilikumblätter

Arbeitsaufwand: etwa 30 Minuten
Garzeit: 21 1/2 (23 1/2) Minuten
Nährwert: etwa 1600 kJ/ 380 kcal je Person

1. Die Tomaten waschen und von den Stielansätzen befreien. Die Tomaten dann in etwa 1/2 cm dicke Scheiben schneiden und auf Küchenpapier legen. Die Tomaten mit wenig Salz bestreuen und etwa 10 Minuten Saft ziehen lassen. Die Tomaten dann mit Küchenpapier trockentupfen.

2. Die Eier trennen. Die Eigelbe mit einem Schneebesen gut verquirlen. Den Quark, die Sahne, etwa zwei Drittel des Käses, die Kräutermischung und den durchgepreßten Knoblauch untermischen. Die Eigelbmasse mit Salz und Pfeffer würzen.

3. Die Eiweiße mit 1 Prise Salz sehr steif schlagen.

4. Die Hälfte des Eischnees unter die Quarkmischung ziehen. Dann die Masse auf den restlichen Eischnee geben und mit einem Holzlöffel sorgfältig mischen, ohne dabei zu schlagen.

5. Eine feuerfeste mikrowellengeeignete Form aus Porzellan oder Glas mit Butter ausstreichen. Den Boden der Form mit Tomatenscheiben auslegen. Diese mit der Quarkmischung bedecken. Darüber die restlichen Tomatenscheiben verteilen. Die Basilikumblätter in Streifen schneiden und darauf legen. Den restlichen Käse darüber streuen.

6. Den Auflauf bei 600 (500) Watt zugedeckt 18 (20) Minuten garen.

7. Den Grill des Kombinationsgerätes oder des Backofens vorheizen.

8. Den Tomatenauflauf auf dem Rost in die obere Schiene des Gerätes geben und offen ohne Zuschaltung von Mikrowellen etwa 3 1/2 Minuten überbacken. Der Käse soll zerfließen und auf der Oberfläche dürfen einige braune Flecken entstehen. Eine Kruste ist nicht erwünscht.

Mein Tip: Es ist sehr wichtig, daß Sie die Tomaten vor dem Einschichten abtupfen, damit sie beim Garen nicht zuviel Flüssigkeit abgeben.

Varianten: Außer Tomaten können Sie auch andere Gemüsesorten mit in die Form schichten. Zum Beispiel gebratene Auberginenscheiben. Diese auf der vorgeheizten Bräunungsplatte von jeder Seite 2 (2 1/2) Minuten bei 600 (500) Watt anbraten. Oder Zucchinischeiben. Oder eine Mischung aus Paprikaschote, Zwiebeln, Tomaten, Auberginen und Zucchini. Alle Gemüsesorten müssen zuvor in der Mikrowelle angedünstet werden.

Kartoffelgratin mit Sahne

Köstliche Beilage – für Kombinationsgeräte

Für 4 Personen

500 g Kartoffeln (zum Beispiel Bintje)
1 Knoblauchzehe
50 g Butter
200 ccm (0,2 l) Milch
200 g Sahne/Rahm
Salz
frisch gemahlener Pfeffer
geriebene Muskatnuß

Arbeitsaufwand:
etwa 15 Minuten
Garzeit:
17 (17 1/2) Minuten
Nährwert:
etwa 1600 kJ/
380 kcal je Person

1. Die Kartoffeln schälen und kurz unter fließendem Wasser waschen. Die Kartoffeln aber keinesfalls im Wasser liegenlassen.

2. Die Kartoffeln in sehr dünne Scheiben raffeln. Das geht am besten mit dem Gurkenhobel. Die Knoblauchzehe halbieren und eine flache feuerfeste und mikrowellengeeignete Form damit ausreiben. Die Form anschließend gründlich mit Butter ausstreichen.

3. Die Milch mit der Sahne mischen und mit Salz, Pfeffer und Muskat pikant abschmecken.

4. Die Kartoffeln in die vorbereitete Form geben und mit der Milchmischung begießen.

5. Die Kartoffeln zugedeckt 6 (6 1/2) Minuten bei 600 (500) Watt garen.

6. Das Kombinationsgerät auf Ober- und Unterhitze 250° oder Umluft 230° mit 180 Watt schalten. Die Kartoffeln zugedeckt weitere 5 Minuten garen.

7. Den Grill einschalten. Die Kartoffeln in die obere Schiene geben und etwa 6 Minuten ohne Zuschaltung von Mikrowellen grillen. Es soll keine Kruste entstehen, sondern die Oberfläche soll lediglich braune Flecken bekommen.

8. Das Kartoffelgratin in der Form servieren.

Meine Tips: Dieses Gratin ist eine Variante des echten »Gratin dauphinois«. Es enthält weder Ei noch Käse. Wenn das Gratin nicht zu Fleisch serviert wird, können Sie es noch mit etwas geriebenem Käse bestreuen, bevor Sie mit Ober- und Unterhitze beziehungsweise Umluft fertiggaren. Es sollte dann eine leichte Kruste bekommen.
Das gute Gelingen dieses Gratins hängt von der richtigen Konsistenz der Sahnesauce ab, die durch die Stärke der Kartoffeln cremig wird. Die Kartoffeln dürfen deshalb nicht im Wasser liegen, da sie sonst zuviel Stärke verlieren. Sie sollten sie nicht höher als 3 cm in die Form schichten, damit sie bis zuletzt von der Sauce bedeckt sind.
Das Gratin paßt am besten zu gebratenem oder gegrilltem Fleisch, keinesfalls zu einem Gericht mit Sahnesauce.
Wenn Sie fleischlos essen möchten, können Sie das Gratin auch zu einer Gemüseplatte servieren.

FEINE DESSERTS

Auch für den süßen Abschluß eines anspruchsvollen Menüs ist die Mikrowelle zuständig, Desserts gelingen im Handumdrehen und ganz leicht. Sie finden in diesem Kapitel köstliche neue Kreationen wie Honigäpfel mit Weinschaum, Cassisbirnen oder Rhabarbersülzchen mit Ingwer und Erdbeersauce.

Gefüllte Äpfel im Amarettimantel mit Vanillesauce

Würdiger Abschluß eines festlichen Menüs

Für 4 Personen

50 g Marzipan-Rohmasse
30 g geriebene Mandeln
1 Eßl. Butter
20 kleine Amaretti (italienische Mandelmakronen)
1 Eßl. Zucker
1/2 Teel. Zimtpulver
2 feste Äpfel
1 Teel. Zitronensaft
Für die Sauce:
200 ccm (0,2 l) Milch
1/2 Vanilleschote
2 Eigelb
2 Eßl. Zucker
Zum Bestreichen:
1 Eßl. Butter

Arbeitsaufwand: etwa 35 Minuten
Garzeit: 15 3/4 (18 1/4) Minuten
Nährwert: etwa 1700 kJ/ 400 kcal je Person

1. Das Marzipan, die Mandeln und die Butter mit einer Gabel gründlich verkneten. Die Amaretti mit einem Nudelholz zerstoßen, dann mit dem Zucker und dem Zimt mischen.

2. Die Äpfel schälen und das Kerngehäuse ausstechen. Die Äpfel sofort mit dem Zitronensaft bestreichen.

3. Die Marzipanmasse in die Aushöhlung der Äpfel füllen.

4. Die Butter zum Bestreichen in eine kleine mikrowellengeeignete Schale geben und offen bei 600 (500) Watt in 2 (2 1/2) Minuten schmelzen lassen.

5. Die Äpfel mit der flüssigen Butter bestreichen, dann in der Amarettimischung wälzen, so daß sie rundherum davon bedeckt sind.

6. Die Äpfel in eine mikrowellengeeignete Form mit Deckel geben und zugedeckt bei 600 (500) Watt 11 (12 1/2) Minuten garen.

7. Die Milch in eine mikrowellengeeignete Form mit Deckel geben. Die Vanilleschote der Länge nach aufschlitzen und hinzufügen. Die Milch zugedeckt bei 600 (500) Watt in 2 (2 1/2) Minuten erhitzen.

8. Inzwischen die Eigelbe mit dem Zucker cremig schlagen. Die heiße Milch durch ein Sieb langsam zu der Eigelbmasse gießen. Dabei gründlich rühren.

9. Die Masse bei 600 (500) Watt offen 3/4 Minute garen. Dann sofort aus dem Gerät nehmen und mit einem Schneebesen kräftig durchschlagen.

10. Die Äpfel auf Desserttellern anrichten und mit der Vanillesauce umgießen. Das Dessert abkühlen lassen oder lauwarm servieren.

Mein Tip: Wenn Sie keine Amaretti bekommen, können Sie auch andere Mandelmakronen nehmen und sie nach dem Zerstoßen mit etwas Bittermandelöl aromatisieren.

Cassisbirnen

Mit Johannisbeerlikör werden die Birnen besonders aromatisch

Für 4 Personen

4 Eßl. Zucker
3 Eßl. Wasser
4 große feste Birnen
1/4 l guter Rotwein
3 Eßl. Cassis (Johannisbeerlikör)
1/2 Zimtstange
1 Gewürznelke
1 1/2 Teel. Speisestärke

Arbeitsaufwand:
etwa 15 Minuten
Garzeit:
20 (22 1/2) Minuten
Nährwert:
etwa 720 kJ/ 170 kcal je Person

1. Den Zucker mit 2 Eßlöffeln Wasser in eine mikrowellengeeignete Schüssel geben und bei 600 (500) Watt in 4 (4 1/2) Minuten offen karamelisieren lassen. Dabei nach der Hälfte der Zeit umrühren. Wenn der Zucker nach der angegebenen Zeit noch keine Farbe angenommen hat, die Garzeit etwas verlängern.

2. Die Birnen schälen, halbieren, von den Kerngehäusen befreien und in Schnitze schneiden.

3. Den Wein, den Cassis, die Zimtstange und die Gewürznelke zu dem Karamel geben und alles offen 4 (4 1/2) Minuten bei 600 (500) Watt kochen lassen.

4. Den gewürzten Wein durch ein feines Sieb passieren, dann mit den Birnenschnitzen wieder in die Schüssel geben.

5. Die Birnen bei 600 (500) Watt zugedeckt 8 (9) Minuten garen. Die Birnen dabei nach der Hälfte der Zeit vorsichtig wenden, damit sie sich gleichmäßig rot färben.

6. Die Birnen abtropfen lassen, den Wein dabei auffangen.

7. Die Speisestärke mit dem restlichen Wasser verrühren, dann mit dem Wein mischen. Die Flüssigkeit bei 600 (500) Watt 4 (4 1/2) Minuten offen garen, bis sie sämig geworden ist.

8. Die Sauce über die Birnen gießen und alles abkühlen lassen.

Meine Tips: Die Garzeit dieses Desserts kann je nach Qualität der Birnen stark variieren. Sie sollten den Zustand also nach der angegebenen Zeit prüfen und die Birnen gegebenenfalls 6–8 Minuten nachgaren.
Wichtig ist, daß der Wein sirupartig eingekocht ist. Je nach Gerät kann dieser Vorgang etwas länger dauern. In diesem Fall die Garzeit ebenfalls etwas verlängern, bis eine gut gebundene Flüssigkeit entstanden ist.
Der Wein wird mit etwas Speisestärke gebunden, damit Sie für den Sirup weniger Zucker benötigen.
Die Cassisbirnen schmecken sehr gut mit Apfelwein- oder Zimtcreme (Apfelweincreme Rezept Seite 126). Oder Sie bestreuen die Birnen mit gehackten Pistazien.

Apfelweincreme

Ein erfrischendes Desserts

Für 4 Personen

4 Eßl. Zucker
1/4 l Apfelwein
Saft von 1/2 Orange
1/2 Teel. abgeriebene unbehandelte Orangenschale
3 Eier
250 g Sahne/Rahm

Arbeitsaufwand: etwa 15 Minuten
Garzeit: 5 (6) Minuten
Nährwert: etwa 1400 kJ/ 330 kcal je Person

1. Den Zucker mit dem Apfelwein, dem Orangensaft und der -schale sowie den Eiern verquirlen, bis eine schaumige Masse entstanden ist.

2. Die Eiermasse in eine mikrowellengeeignete Schale geben und zugedeckt 5 (6) Minuten bei 500 (480) Watt garen.

3. Die Masse mit dem Schneebesen oder dem elektrischen Handrührgerät etwa 2 Minuten verquirlen, dann kurz kühl stellen.

4. Die Sahne steif schlagen und unter die kühle Creme ziehen.

5. Das Dessert bis zum Servieren in den Kühlschrank stellen.

Mein Tip: Sie sollten die Apfelweincreme beim Kühlen mit Folie abdecken, damit sie keine fremden Gerüche annimmt.

Varianten: Wenn Sie die Creme etwas leichter mögen, können Sie 100 g der Sahne durch 2 steifgeschlagene Eiweiß ersetzen.
Sie können das Dessert aber auch etwas üppiger zubereiten. Dazu 2 säuerliche Äpfel schälen, halbieren und von den Kerngehäusen befreien. Die Apfelhälften mit der Schnittfläche nach unten auf eine mikrowellengeeignete, mit Butter bestrichene Platte legen. Mit 1/8 l Apfelsaft übergießen, zudecken und 6 (6 1/2) Minuten bei 600 (500) Watt garen. Die Apfelhälften abtropfen lassen und auf Desserttellern verteilen. Die Apfelweincreme darüber gießen und mit 1 Sahne- oder Quarktupfer garnieren. Das Dessert nach Belieben noch mit gerösteten Mandelblättchen garnieren.
Die Creme läßt sich leicht in eine *Zimtcreme* umwandeln: 6 Eßlöffel Zucker mit 3 Eiern, 1/8 l Milch und 1 Prise Salz verquirlen, bis eine schaumige Creme entstanden ist. 1 Vanilleschote der Länge nach aufschlitzen, das Vanillemark mit einem Messer herauskratzen und zu der Eiercreme geben. Die Creme in eine mikrowellengeeignete Form geben und zugedeckt 5 Minuten bei 490 (500) Watt garen. 2 Teelöffel Zimtpulver untermischen. Die Masse mit dem Schneebesen oder dem elektrischen Handrührgerät etwa 2 Minuten durchschlagen, dann kühl stellen. 125 g Sahne steif schlagen und kurz vor dem Servieren unter die Creme mischen.
Ganz besonders intensiv wird der Zimtgeschmack, wenn Sie 1 Zimtstange im Blitzhacker frisch zu Pulver vermahlen. Die Zimtcreme paßt besonders gut zu Apfel- oder Zwetschgenstrudel, zu Heidelbeeren und Brombeeren sowie zu Kirschen- oder Zwetschgenkompott. Sehr gut schmeckt sie auch zu gedünsteten Dörrzwetschgen.
Wenn Sie den Zimt weglassen und etwas mehr Vanillemark hinzufügen, entsteht eine köstliche Vanillecreme.

Schokoladenbiskuit

Schnelles Biskuit mit vielen Variationen

Für eine rechteckige Schale (24 x 24 cm)

60 g Butter
6 Eßl. Kakaopulver
150 g Zuckerrohrgranulat oder Zucker
1 Prise Salz
3 Eier
1 Vanilleschote
110 g Weizenvollkornmehl oder weißes Mehl
1/2 Teel. Backpulver
4 Eßl. Sahne/Rahm
1 Eßl. Amaretto (Mandellikör)
50 g Mandelstifte
100 g ungehäutete, gemahlene Mandeln
1 Eßl. Butterschmalz/Bratbutter

Arbeitsaufwand: etwa 25 Minuten
Garzeit: 8 (9) Minuten
Nährwert insgesamt: etwa 11000 kJ/ 2600 kcal

Ein Biskuit läßt sich in der Mikrowelle in Minutenschnelle zubereiten. Sie brauchen dazu nur ein paar Zutaten, die Sie meist sowieso im Vorrat haben. Die Zubereitung des Teiges ist so einfach, daß er sich auch mit dem einfachsten Mikrowellengerät backen läßt. Der Teig ist besonders praktisch, wenn Sie unerwartet Besuch bekommen und nichts zum Anbieten haben.
Sie können den Teig nach dem Garen quer halbieren, beliebig füllen und beispielsweise als Desserts servieren.
Damit das Biskuit auch wirklich immer gelingt, sollten Sie einige wichtige Punkte beachten:

- Die Zutaten genau nach der im Rezept angegebenen Reihenfolge zugeben. Der Kakao muß mit der warmen Butter zu einer gleichmäßigen glatten Creme verrührt werden. Die Eier sollen unter die noch warme Schokoladencreme gemischt werden. Die Sahne und der Amaretto geben zusätzliche Flüssigkeit, die der Teig braucht, damit er mit dem Mehl eine glatte Masse bildet. Nicht jedes Mehl bindet gleich viel Flüssigkeit. Sollte der Teig zu trocken sein, geben Sie noch etwas mehr Sahne oder Amaretto unter die Masse.
- Die Backzeit kann je nach Gerät etwas unterschiedlich sein. Am besten machen Sie nach etwa 5 Minuten eine Stäbchenprobe mit einer Nadel oder einem spitzen Messer. Beim Herausziehen darf kein feuchter Teig daran haften bleiben. Allerdings sollte das Biskuit auch nicht zu trocken werden. Wenn er noch nicht ganz durchgebacken ist, die Garzeit jeweils nur um 1/2 Minute verlängern, dann wieder die Probe machen.
- Das Biskuit nach dem Backen in der Form erkalten lassen, dann mit einem Messer vom Rand lösen und stürzen. In Alufolie gewickelt können Sie es einige Tage aufbewahren oder sogar tiefgefrieren. Tiefgefrorenen Teig bei Auftaustufe 1 Minute (vorher aus der Folie wickeln) antauen, dann stehenlassen, bis er vollkommen aufgetaut ist. Biskuit, das Sie füllen, glasieren oder verzieren möchten, erst nach dem Auftauen fertigstellen.
- Wenn Sie das Biskuit zu einer Torte weiterverarbeiten wollen, können Sie es auch in einer runden Form garen. Der Teig sollte jedoch niemals höher als 3 cm in die Form gefüllt werden, damit er gleichmäßig durchbacken kann.

Und nun gebe ich Ihnen einige Anregungen, was Sie mit dem Biskuit alles machen können:
Kleine Würfel zum Kaffee oder Tee: Das Biskuit nach dem Erkalten in 2–2 1/2 cm große Würfel schneiden, auf eine Platte geben und mit Schokoladenglasur bestreichen. (100 g Zartbitterschokolade 1 (1 1/4) Minute bei 600 (500) Watt schmelzen lassen). Jeden Würfel nach Belieben mit 1 Nuß garnieren.
Schokoladenschnitten: Das Biskuit nach dem Erkalten in 3 cm breite und 10–12 cm lange Schnitten schneiden. Die Schnitten noch einmal quer durchschneiden und füllen: zum Beispiel mit Johannis- oder Preiselbeerkonfitüre bestreichen, eine Schicht steif geschlagene Sahne darauf streichen und die Schnitten wieder zusammensetzen Die Schnitten können Sie auch mit einer Orangenglasur bestreichen. Dafür 1 Eßlöffel Orangensaft mit 2–3 Eßlöffeln Puderzucker verrühren. Die Schnitten dann aber mit Aprikosen- oder Johannisbeerkonfitüre zubereiten.
Torten: Das Biskuit in einer runden Form backen, quer durchschneiden und füllen: Zum Beispiel steif geschlagene Sahne mit Kirschen oder Beeren mischen oder eine Quarkcreme herstellen. Sehr gut schmeckt auch eine Schokoladenmousse oder eine dickflüssige, mit Gelatine verfestigte Vanillecreme. Die Oberfläche der Torte können Sie mit Schokoladen- oder einer anderen Glasur bestreichen. Oder Sie garnieren sie mit geschlagener Sahne und Schokoladenspänen oder -streuseln.

1. Die Butter in eine mikrowellengeeignete Schale geben und bei 600 (500) Watt offen in 1 1/2 (1 3/4) Minuten schmelzen lassen.

2. Das Kakaopulver hinzufügen und mit der Butter zu einer gleichmäßigen Masse verrühren. Dann das Zuckerrohrgranulat oder den Zucker untermischen.

3. Die Eier und das Salz hinzufügen und alles gut verrühren. Die Vanilleschote langs aufschlitzen und das Mark herauskratzen. Das Vanillemark ebenfalls unterrühren.

4. Das Mehl mit dem Backpulver mischen und durch ein Sieb über die Kakaomasse sieben.

5. Die Sahne und den Amaretto hinzufügen und alles zu einem glatten Teig verrühren.

6. Die Mandelstifte mit einem Wiegemesser grob zerkleinern, dann mit den gemahlenen Mandeln unter den Teig mischen.

7. Das Butterschmalz in die Form geben und bei 600 (500) Watt in 1 1/2 (1 3/4) Minuten schmelzen lassen. Das Butterschmalz dann mit einem Pinsel gleichmäßig in der Form verteilen.

8. Den Teig in die vorbereitete Form geben und mit einem Teigschaber glattstreichen.

9. Das Biskuit 5 (5 1/2) Minuten bei 600 (500) Watt offen backen. Das Biskuit in der Form erkalten lassen, dann mit einem Messer vom Rand der Form lösen und herausnehmen.

10. Das Biskuit je nach Wunsch fertigstellen. Hier ist es mit Kirschsahne gefüllt und mit einer Glasur aus Kirschwasser und Puderzucker bestrichen.

Honigäpfel mit Weinschaum

Für überraschenden Besuch geeignet

Für 4 Personen

Butter für die Form
4 feste Äpfel
4 Eßl. Honig
3 Eßl. Apfelwein
1 Teel. Zimtpulver
Für den Weinschaum:
3 Eigelb
80 g Zucker
1/8 l Apfelwein
Saft und abgeriebene Schale von 1/2 unbehandelten Zitrone

Arbeitsaufwand:
etwa 20 Minuten
Garzeit:
11 (12) Minuten
Nährwert:
etwa 1300 kJ/
310 kcal je Person

1. Eine große flache und mikrowellengeeignete Form gründlich mit Butter ausstreichen.

2. Die Äpfel schälen, vierteln und von den Kerngehäusen befreien. Die Äpfel in schmale Schnitze schneiden.

3. Den Honig in die vorbereitete Form geben und bei 600 (500) Watt 2 (2 1/2) Minuten offen erhitzen.

4. Die Apfelschnitze dekorativ in der Form anrichten (etwa so wie für Apfelkuchen). Die Äpfel mit dem Apfelwein beträufeln und mit dem Zimtpulver bestreuen.

5. Die Äpfel zugedeckt bei 600 (500) Watt 3 (3 1/2) Minuten garen. Die Äpfel dann aus dem Gerät nehmen und zugedeckt beiseite stellen, bis der Weinschaum zubereitet ist.

6. Die Eigelbe mit dem Zucker, dem Apfelwein und dem Zitronensaft sowie der abgeriebenen Schale gründlich verrühren und in eine mikrowellengeeignete Form geben.

7. Den Weinschaum 6 Minuten bei 490 (500) Watt zugedeckt kochen.

8. Den Weinschaum dann sofort in eine gekühlte Schüssel füllen und gründlich verrühren. Den Saft, der sich bei den gegarten Äpfeln gesammelt hat, unter den Weinschaum rühren.

9. Den Weinschaum über den Äpfeln anrichten und das Dessert lauwarm servieren.

Mein Tip: Nach Wunsch können Sie zusätzlich 2–3 Eßlöffel steifgeschlagene Sahne unter die erkaltete Weincreme ziehen.

Varianten: Nach Belieben können Sie dieses Dessert auch mit Birnen zubereiten. Dabei eventuell zum Schluß 1 Eßlöffel Birnengeist hinzufügen. Außerdem schmeckt dieses Dessert auch mit entsteinten Aprikosen. In diesem Fall nehmen Sie Barak (Aprikosenbranntwein) zum Aromatisieren. Anstelle von Weinschaum schmeckt es besser, wenn Sie steifgeschlagene Sahne mit etwas Barak verfeinern und diese zu den Aprikosen servieren.

RHABARBERSÜLZCHEN MIT INGWER UND ERDBEERSAUCE

Aromatisches Dessert für den Frühling

Für 4 Personen

400 g Rhabarber
5 Blatt weiße Gelatine
1 Stück in Sirup eingelegter Ingwer
2 Eßl. Ingwersirup aus dem Glas
1 Eßl. Zucker
1 Eßl. Weißwein
200 g Sahne/Rahm
Für die Sauce:
400 g Erdbeeren
2 Eßl. Zucker
nach Belieben 1 Eßl. Orangenlikör
Zum Garnieren:
2 Eßl. Crème double oder saure Sahne
4 Erdbeeren

Arbeitsaufwand: etwa 30 Minuten
Garzeit: 7 (9) Minuten
Kühlzeit: 2–3 Stunden
Nährwert: etwa 1300 kJ/ 310 kcal je Person

1. Den Rhabarber schälen, waschen und längs halbieren, dann in Stücke von 1 cm Größe schneiden. Den Rhabarber in ein weites Mikrowellengefäß geben.

2. Die Gelatine in kaltem Wasser einweichen. Den Ingwer aus dem Sirup nehmen, abtropfen lassen und fein würfeln.

3. Den Rhabarber mit dem Ingwersirup, dem Zucker und dem Weißwein in einem mikrowellengeeigneten Gefäß mischen, dann zugedeckt bei 600 (500) Watt 7 (9) Minuten garen. Den Rhabarber dabei nach der Hälfte der Garzeit durchrühren.

4. Inzwischen für die Sauce die Erdbeeren kalt abspulen, vorsichtig trockentupfen, von den Stielen befreien und halbieren. Die Erdbeeren mit dem Zucker und nach Belieben dem Likör im Mixer pürieren. Das Püree durch ein Sieb streichen, um die Kerne zu entfernen.

5. Den gegarten Rhabarber mit einem Viertel des Erdbeerpürees im Mixer fein pürieren. Die Gelatine gut ausdrücken, unter das warme Püree mischen und unter Rühren darin auflösen.

6. Das Rhabarberpüree mit den Ingwerwürfelchen mischen und kühl stellen, bis es beginnt, fest zu werden.

7. Die Sahne steif schlagen und unter das Püree heben. Prüfen, ob das Püree süß genug ist. Bei Bedarf mit etwas Zucker oder Ingwersirup nachsüßen.

8. Die Rhabarbermischung in kleine Puddingförmchen füllen und 2–3 Stunden in den Kühlschrank stellen, bis sie fest geworden ist. Die Erdbeersauce ebenfalls kühl stellen.

9. Die Förmchen dann zum Stürzen kurz in heißes Wasser tauchen. Die Rhabarbersülzchen gegebenenfalls mit einem Messer vom Rand der Förmchen lösen.

10. Die Rhabarbersülzchen auf Teller stürzen und mit der Erdbeersauce umgießen. Die Crème double oder die saure Sahne in Abständen von 2–3 cm als ovale Kleckse auf die Erdbeersauce geben. Das geht am besten mit einem Spritzbeutel oder einem kleinen Löffel. Mit einem Holzstäbchen einen Streifen durch die Crème ziehen, so daß ein hübsches Muster entsteht. Jedes Dessert mit 1 Erdbeere garnieren.

Zwetschgenflan nach französischer Art

Wird besonders fein und saftig

Für eine Form von 28 cm Ø

600 g Zwetschgen
1/2 l Milch
1/2 Vanilleschote
3 Eier
100 g Zucker
1 Prise Salz
5 Eßl. Mehl
1 Eßl. Zwetschgenwasser
1 Eßl. Butter
1 Eßl. Puderzucker

Arbeitsaufwand: etwa 20 Minuten
Garzeit: 41 (41 3/4) Minuten
Nährwert insgesamt: etwa 7100 kJ/ 1700 kcal

1. Die Zwetschgen waschen, längs aufschneiden und vom Stein befreien.

2. Die Milch in eine mikrowellengeeignete Form geben. Die Vanilleschote der Länge nach aufschlitzen und das Mark herauskratzen. Die Vanilleschote und das Mark in die Milch geben.

3. Die Milch bei 600 (500) Watt zugedeckt 5 (5 1/2) Minuten erhitzen. Die Milch dann etwas abkühlen lassen. Die Vanilleschote entfernen.

4. Die Eier mit dem Zucker und dem Salz zu einer schaumigen, dickflüssigen Creme aufschlagen. Das Mehl sieben und nach und nach unter die Eiercreme mischen. Die Milch unter Rühren langsam hinzufließen lassen. Das Zwetschgenwasser unterrühren.

5. Eine nicht zu hohe, feuerfeste und mikrowellengeeignete Form mit der Butter 1 (1 1/4) Minute bei 600 (500) Watt erhitzen.

6. Die Zwetschgenhälften gleichmäßig in der Form verteilen und mit der Eiermasse bedecken.

7. Die Form mit dem Rost in die mittlere Schiene des Gerätes geben und bei 180 Watt und Ober- und Unterhitze 220° oder Umluft 200° 30 Minuten offen garen.

8. Dann den Grill einschalten und den Flan ohne Zuschaltung von Mikrowellen noch einmal 5 Minuten überbacken.

9. Den Flan lauwarm oder abgekühlt servieren. Den Zwetschgenflan erst unmittelbar vor dem Servieren mit dem Puderzucker bestäuben.

Meine Tips: Sie können für dieses Dessert auch tiefgefrorene Zwetschgen verwenden. Diese zuvor 6 Minuten bei Auftaustufe auftauen.
Wenn Sie kein Kombinationsgerät besitzen, garen Sie den Flan 20 Minuten bei 490 (500) Watt. Nach Belieben können Sie ihn anschließend noch kurz unter den vorgeheizten Grill schieben. Sie können das Dessert auch in Portionsförmchen zubereiten. Wenn Sie ein Gerät mit Drehteller haben, die Förmchen kreisförmig anordnen. Wenn Sie ein Gerät ohne Drehteller haben, die Förmchen nach der Hälfte der Backzeit etwas umplazieren. Auf diese Art gebackene Flans lassen sich auch stürzen. Gut schmeckt dazu dann ein Weinschaum (Rezept Seite 130) oder eine Zimtcreme (Variante von Apfelweincreme, Rezept Seite 126).

Varianten: Der Flan schmeckt auch mit Kirschen, Aprikosen oder Pfirsichen. Oder Sie ersetzen 3 Eßlöffel Mehl durch gemahlene Mandeln. Diese Masse können Sie dann mit einigen Tropfen Bittermandelöl aromatisieren. In diesem Fall das Vanillemark weglassen. Zu dieser Variante schmeckt eine Fruchtsauce besonders gut. Dafür Zwetschgen oder andere Früchte wie Kirschen, Aprikosen oder Pfirsiche mit Zitronensaft und Zucker pürieren.

Umrechnungstabelle für die verschiedenen Geräte

Der Unterschied in den Auftau-, Erwärm- und Garzeiten zu Geräten mit 650 und 720 Watt ist so gering, daß er nicht berücksichtigt werden muß. Im Zweifelsfall gilt: stets eine etwas kürzere Garzeit als angegeben wählen und die Speisen eventuell kurz nachgaren.

500 Watt	600 Watt	700 Watt
3/4 Minute	1/2 Minute	1/2 Minute
1 1/4 Minuten	1 Minute	1 Minute
1 3/4 Minuten	1 1/2 Minuten	1 1/4 Minuten
2 1/2 Minuten	2 Minuten	1 3/4 Minuten
2 3/4 Minuten	2 1/4 Minuten	2 Minuten
3 Minuten	2 1/2 Minuten	2 Minuten
3 1/2 Minuten	3 Minuten	2 1/2 Minuten
4 1/2 Minuten	4 Minuten	3 1/2 Minuten
5 1/2 Minuten	5 Minuten	4 1/2 Minuten
6 1/2 Minuten	6 Minuten	5 Minuten
8 Minuten	7 Minuten	6 Minuten
9 Minuten	8 Minuten	7 Minuten
10 1/2 Minuten	9 Minuten	7 1/2 Minuten
11 1/2 Minuten	10 Minuten	8 1/2 Minuten
12 1/2 Minuten	11 Minuten	9 1/2 Minuten
13 1/2 Minuten	12 Minuten	10 Minuten
15 Minuten	13 Minuten	11 Minuten
16 Minuten	14 Minuten	12 Minuten
17 Minuten	15 Minuten	13 Minuten
23 Minuten	20 Minuten	17 Minuten
28 Minuten	25 Minuten	21 Minuten
34 Minuten	30 Minuten	26 Minuten
39 Minuten	35 Minuten	30 Minuten
45 Minuten	40 Minuten	34 Minuten
56 Minuten	50 Minuten	43 Minuten

Register

Register

Köstlich und schnell mit Mikrowelle

Sabine von Imhoff

Köstlich und schnell
mit Mikrowelle:
Aufläufe
Das GU Bildkochbuch für alle Mikrowellen- und Mikrowellen-Kombinationsgeräte. Reizvolle Rezepte für köstliche Aufläufe und feine Gratins, die leicht gelingen.

Jedes Rezept in Farbe und von GU doppelt geprüft.

Sabine von Imhoff

Köstlich und schnell
mit Mikrowelle:
Fleisch
Das GU Bildkochbuch für alle Mikrowellen- und Mikrowellen-Kombinationsgeräte. Reizvolle Rezepte für feine Ragouts, überbackene Spezialitäten und knusprige Braten, die leicht gelingen.

Jedes Rezept in Farbe und von GU doppelt geprüft.

Jeder Band mit 80 Seiten, 100 brillanten Farbfotos. Hardcover-Großformat mit farbigem Glanzeinband.

Sabine von Imhoff

Köstlich und schnell
mit Mikrowelle:
Backen
Das GU Bildbackbuch für alle Mikrowellen-Kombinationsgeräte. Reizvolle Rezepte für verlockende Kuchen, Torten, Quiches und Wähen, die leicht gelingen.

Jedes Rezept in Farbe und von GU doppelt geprüft.

GU Gräfe und Unzer

Die Autoren

Marianne Kaltenbach
ist Schweizerin und kennt die Küche ihrer Heimat so gut wie die aller europäischen Länder. Seit über 15 Jahren schreibt sie Kochbücher und behandelt als gastronomische Journalistin am liebsten Themen der praxisnahen, aber unbedingt gehobenen Küche. Als Mitglied exklusiver Verbände wie »Fédération Internationale de la Presse Gastronomique«, dem »Food Editors Club«, der »Académie Suisse des Gastronomes« und Officier des »Club Prosper Montagné« sowie als Conseiller Culinaire der »Bailliage Suisse de Chaîne« und als Vorstandsmitglied der »Disciples d'Auguste Escoffier« ist sie stets aktuell informiert und gibt ihr Wissen leicht verständlich und umsetzbar dem großen Kreis ihrer Leser weiter. Bekannte Schweizer Zeitschriften wie »Annabelle«, »Illustrierte« und andere veröffentlichen regelmäßig ihre Beiträge. Für ihre Kochbücher erhielt Marianne Kaltenbach von der Gastronomischen Akademie Deutschlands mehrere Silbermedaillen und 1986 die Goldene Feder, eine Auszeichnung, die in den vorangegangenen 6 Jahren nicht mehr verliehen worden war. Sie ist Mitbesitzerin einer Privatkochschule und führt seit vielen Jahren mit großem Erfolg das renommierte Restaurant »Zum Raben« in Luzern.

Susi und Pete A. Eising
sind Schweizer, jedoch schon seit vielen Jahren Wahl-Münchner. Sie sind hervorragende Foodfotografen, Bildgestalter, Koch-Künstler und Kenner alles Guten auf kulinarischem Gebiet. In ihrem Studio für Lebensmittel-Fotografie entstehen zusammen mit ihrem Team seit vielen Jahren anspruchsvolle Foodaufnahmen für Bücher, Werbung, Filme und Zeitschriften.

Impressum

Das Farbfoto auf der Einband-Vorderseite zeigt Lammrücken mit Orangen-Sojasauce, das Rezept dazu finden Sie auf Seite 74.

CIP-Titelaufnahme der Deutschen Bibliothek

Kaltenbach, Marianne:
Mikrowelle für Feinschmecker: das große GU-Bildkochbuch für alle Mikrowellen- und Mikrowellen-Kombinationsgeräte; raffinierte Rezepte, die leicht gelingen, für Vorspeisen, Suppen und Beilagen, Fisch und Fleisch, Gemüse und Aufläufe, herzhafte und süße Kuchen sowie Desserts / Marianne Kaltenbach. Die Farbfotos gestalteten Susi u. Pete A. Eising. – 1. Aufl. – München: Gräfe u. Unzer, 1989
ISBN 3-7742-3343-8

1. Auflage 1989
© Gräfe und Unzer GmbH, München
Alle Rechte vorbehalten. Nachdruck, auch auszugsweise, sowie Verbreitung durch Film, Funk und Fernsehen, durch fotomechanische Wiedergabe, Tonträger und Datenverarbeitungssysteme jeder Art nur mit schriftlicher Genehmigung des Verlages.

Redaktion: Cornelia Schinharl
Typografie und Herstellung: Robert Gigler
Farbfotos: Susi und Pete A. Eising, Culinas PR AG Luzern (Seite 9)
Foodstyling: Susi Eising
Requisite und Mitarbeit im Studio: Martina Görlach
Gestaltung: Ludwig Kaiser
Reproduktionen: SKU Reproduktionen GmbH
Satz: Komma-Satz
Druck und Bindung: Mairs Graphische Betriebe
ISBN 3-7742-3343-8

Wichtiger Hinweis

Bevor Sie Ihr Mikrowellengerät in Betrieb nehmen, sollten Sie sich gründlich mit ihm vertraut machen. Beachten Sie bitte unbedingt die Gebrauchsanleitung des Herstellers und außer den hier genannten Hinweisen auch die Angaben auf den theoretischen Seiten dieses Buches. Denken Sie daran, daß Eier nie in der Schale zubereitet werden dürfen. Beim Erhitzen von Flüssigkeiten kann es zu einem Siedeverzug kommen, das heißt, daß die Flüssigkeit erst zu brodeln beginnt, wenn das Gefäß aus dem Gerät genommen wird (Verbrennungsgefahr!). Lassen Sie die Flüssigkeit deshalb nach der angegebenen Garzeit im Gerät noch ein wenig abkühlen, oder erhitzen Sie die Flüssigkeit mit einem Glasstäbchen im Gefäß (das sorgt für eine gleichmäßige Erwärmung). Mikrowellen-Sologeräte sollten nicht in der Nähe des Herdes aufgestellt werden, da Hitze und Dampf dem Gerät schaden können. Wenn Sie Fragen haben und trotz aller Hinweise unsicher sind, wenden Sie sich am besten an die Beratungszentren Ihres Energieversorgungsunternehmens, an die Verbraucherzentrale in Ihrer Stadt oder an den Hersteller. Neue Geräte sind gesundheitlich unbedenklich. Es ist jedoch empfehlenswert, sie nach einiger Zeit auf Strahlendichtigkeit hin untersuchen zu lassen. Fragen Sie Ihren Fachhändler.